Gudrun Wietusch

Neue Ausgabe

Grundkurs Grammatik

Zum Nachschlagen und Üben

Cornelsen

Verlagsredaktion: Ingeborg Herchen
Gestaltung und technische Umsetzung: Kerstin Vorwerk, Berlin
Einbandgestaltung: Knut Waiznor
Illustrationen S. 10, 13: Frauke Trojahn, Berlin

www.cornelsen.de

2. Auflage, 4. Druck 2017

Alle Drucke dieser Auflage sind inhaltlich unverändert
und können im Unterricht nebeneinander verwendet werden.

Druck: AZ Druck und Datentechnik GmbH, Kempten

ISBN 978-3-464-61805-9

PEFC
PEFC/04 31 2260

PEFC zertifiziert
Dieses Produkt stammt aus nachhaltig bewirtschafteten Wäldern und kontrollierten Quellen.

www.pefc.de

Gudrun Wietusch

Neue Ausgabe

Grundkurs Grammatik

zum Nachschlagen und Üben

Cornelsen

1 Wortarten

S. 8 **1** Substantive Verben Adjektive Artikel und Pronomen

Über mehrere Wochen schon hält ein junges Rotkehlchen als „Hausbesetzer“ Polizei, Feuerwehr und Kammerjäger in Bewegung. Alle Versuche, den Vogel aus einem großen Kaufhaus herauszulocken, blieben ohne Erfolg. Besonders ärgerlich ist dies für die Polizei, da das Rotkehlchen bereits mehrfach die Alarmanlage in Gang setzte und die Ordnungshüter aus Vorsicht jedes Mal ausrückten.

2a Linksrheinische Stadtrandlage, Erftkreisgebiet, Vorgebirgsraum, Einfamilienhäuser für vorgemerkte, kapitalkräftige Interessenten eilgesucht! Verkäufer provisionsfrei! Immobilien

b Kurse in Türnich, Motorboot Binnen/Segelschein A, Mi. 2. Febr., 18.15, Barbaraschule

c Bäume fällen, einschließlich Abtransport. Ruf

d Witwe, 43/160, gut aussehend, aufgeschlossen, tierlieb und reiselustig, sucht aufrichtigen, netten Partner für gemeinsames Leben. Zuschriften unter

3 Wie die Beispiele unter 2 zeigen, werden die Wörter der 2. Gruppe so weit wie möglich weggelassen, wenn es um sehr kurze Mitteilungen geht.
Beispiele:
Mondrakete sicher gelandet

30 Menschen aus Lebensgefahr gerettet

Die Flektierbaren

1.1 Das Verb

S. 9 **1**

Handlungsverben	Vorgangsverben	Zustandsverben
kämpfen	wachsen	bleiben
gehen	hinfallen	leben
helfen	erröten	wohnen
spielen	einschlafen	liegen
stehlen	erfrieren	stehen
schreien		

1.1.1 Personalform – Infinitiv – Partizipien
1.1.1.1 Finite Verbformen
1.2.1.2 Infinite Verbformen

1 **a** Klaus kann dribbeln. (Infinitiv) **S. 11**
b Jörg hört stundenlang Musik. (Personalform)
c Wirst du mir auch bestimmt schreiben? (Infinitiv)
d Die Blume wird im Herbst verblühen. (Infinitiv)
e Nicht nur ein Kind liebt Gummibärchen. (Personalform)
f Du solltest mich wieder einmal besuchen. (Infinitiv)

2 studieren: studiert – erraten: erraten – verletzen: verletzt – zerreißen: zerrissen – erkennen: erkannt – entlaufen: entlaufen – geschehen: geschehen – erforschen: erforscht // streiten: gestritten – rufen: gerufen – brauchen: gebraucht – formen: geformt – turnen: geturnt – pfeifen: gepfiffen – wenden: gewendet und gewandt – schreiben: geschrieben **S. 12**

3 Die Verben bis zum Zeichen // sind nicht auf der ersten Silbe betont: Das Partizip II wird ohne „ge-" gebildet.
Schwache Verben bilden das Partizip II mit „-t", starke Verben mit „-en".
Erklärung „starke" und „schwache" Verben siehe Seite 14 f.

5 **Personalformen:** jagen – beherrschen – stimmen – wird – werden – lassen – versucht – geschieht – kann – machen – steckt – wollen
Infinitive: vermissen – aufzuzeigen – werden – wecken
Partizipien: getäuscht – gezeigt – erschöpfend (Part. I) – dargestellt – veröffentlicht

1.1.2 Das Tempus
1.1.2.1 Das Präsens

1 Gegenwart: Sätze **c, f** – allgemeine Zeit: Sätze **b, e, g** – Zukunft: Sätze **a, d** **S. 14**

3 Im Präsens im Sinne der „allgemeinen Zeit".

1.1.2.2 Das Präteritum

1 geschah: geschehen – auftauchte: auftauchen – entdeckte: entdecken – standen: stehen – schrie: schreien – fuhr: fahren **S. 15**

2 ich schrieb – du maltest – er/sie/es schlief – wir lasen – ihr turntet – sie kamen – Sie wussten

3 **starke/unregelmäßige Verben:** klingen: klangen – schleifen: schliffen – liegen: lagen – lügen: logen – schlafen: schliefen – reiten: ritten

schwache/regelmäßige Verben: stellen: stellten – tanzen: tanzten – schleifen: schleiften – winken: winkten – packen : packten

4 Im Präteritum.

5 bedrohte – erwies – ließ – warf – ergab

6 Die Präsensformen der Verben sind einzusetzen: bedroht – erweist – lässt – wirft – ergibt

1.1.2.3 Das Perfekt

S. 16 1 ich habe – du hast – er hat – sie hat – es hat – wir haben – ihr habt – sie haben – Sie haben
ich bin – du bist – er ist – sie ist – es ist – wir sind – ihr seid – sie sind – Sie sind

1.1.2.4 Das Plusquamperfekt

S. 16 1 ich hatte – du hattest – er hatte – sie hatte – es hatte – wir hatten – ihr hattet – sie hatten – Sie hatten
ich war – du warst – er war – sie war – es war – wir waren – ihr wart – sie waren – Sie waren

2 gefallen war – verursacht hatte – verloren hatte

1.1.2.5 Perfekt und Plusquamperfekt bezeichnen Vorzeitiges

S. 17 1 **a** Ich denke (Präsens = Tempus, in dem erzählt wird) flüchtig daran, dass es in ... gegeben hat (Perfekt = Bezeichnung dessen, was vorher war), die sich ... gewehrt haben (Perfekt = s. o.).
b Er aber war (Präteritum = Tempus, in dem erzählt wird) froh, dass er ... erlangt hatte (Plusquamperfekt = Bezeichnung der Vorzeitigkeit), ging (Präteritum = s. o.) heimwärts und kam (Präteritum = s. o.) ... vorbei.
c Wer ... gelebt hat (Perfekt = Bezeichnung der Vorzeitigkeit), gewinnt ... (Präsens = Tempus, in dem erzählt wird).

S. 18 2 **b** Bevor er die Bretter glatt schleift, hat er sie zugeschnitten.
Nachdem er die Bretter zugeschnitten hatte, schliff er sie glatt.
c Wenn sie die Zutaten eingekauft haben, backen sie eine Pizza.
Sie backten eine Pizza, nachdem sie alle Zutaten eingekauft hatten.
d Sie trocknet ihre Haare mit dem Föhn, wenn sie sie gewaschen hat.
Sie trocknete die Haare mit dem Föhn, nachdem sie sie gewaschen hatte.
e Wer den ganzen Tag gewandert ist, ist am Abend müde.
Alle waren am Abend müde, nachdem sie den ganzen Tag gewandert waren.

f Weil er mehrere Bewerbungen geschrieben hat, bekommt er sicherlich einen Ausbildungsplatz.
Nachdem er mehrere Bewerbungen geschrieben hatte, bekam er einen Ausbildungsplatz.

3 Ich sehe, dass du die Aufgabe richtig gelöst hast.
Wie ich hinsehe, ist das Unglück schon passiert.
Als er endlich ankam, hatte die Vorstellung bereits begonnen.
Er stellte fest, dass alle die Aufgabe richtig gelöst hatten.

4 hat bekommen – erwischt worden ist – schleicht – stiehlt – bringen will – ertappt – setzt – denkt

1.1.2.6 Das Futur I

1 **a** = Bezeichnung des Zukünftigen **S. 19**
b = nachdrückliche Benennung einer Erwartung
c = Vermutung

3 Wir benutzen meistens das Präsens + Zeitangabe, um Zukünftiges auszudrücken:
Ich rufe dich morgen an. – Nächsten Monat gibt es Ferien.

4 Sie werden verstehen ...: nachdrückliche Bezeichnung einer dringenden Bitte, ähnlich wie: Sie müssen verstehen.

1.1.2.7 Das Futur II

1 **a** = Vermutung über ein vergangenes Geschehen **S. 20**
b = Geschehen, das in der Zukunft abgeschlossen sein wird

2 **a, d** = Vermutung; **b, c, e, f** = zukünftiges Geschehen

3 In der Regel benutzen wir in diesen Fällen das Perfekt: Bald haben wir es geschafft.

4 **b** Morgen hat sie ... ausgelesen. – **c** Hast du ... bis nächsten Montag abgeschlossen? – **e** ..., dass nach Ablauf der nächsten drei Tage die Überschwemmung zurückgegangen ist. – **f** Bis heute Abend ist eine Entscheidung gefallen.
Du musst darauf achten, dass die Sätze eine Zeitangabe enthalten, die auf die Zukunft verweist.

5 **a** Sie sind wohl rechtzeitig zu Hause angekommen./ Vermutlich/wahrscheinlich/aller Wahrscheinlichkeit nach sind sie rechtzeitig zu Hause angekommen.
d Sie hat sicherlich geschlafen und deshalb das Telefon nicht gehört./ Ich vermute, dass sie geschlafen hat und deshalb das Telefon nicht gehört hat.

Man kann die Sätze ebenfalls ins Perfekt umformen. Die Vermutung muss dann auf andere Weise ausgedrückt werden.

1.1.2.8 Zeitformen (Tempora) und Zeitstufen im Überblick

S. 21 1 **f** = Präsens/Gegenwart – **h** = Präsens/Vergangenheit – **b** = Präsens/Zukunft – **e** = Präteritum/Vergangenheit – **c** = Perfekt/Vergangenheit – **i** = Perfekt/Zukunft – **a** = Plusquamperfekt/Vergangenheit – **j** = Futur I/Gegenwart – **d** = Futur I/Zukunft – **g** = Futur II/Vergangenheit – **k** = Futur II/Zukunft

1.1.3 Aktiv – Passiv

S. 23 1 täterabgewandtes Passiv: mit der Klammer
täterloses Passiv: ohne Klammer
a Bei jeder Aufnahme werden bereits vorhandene Aufnahmen auf dem Band (von Ihnen) gelöscht.
b Die Überreste der Mumie wurden (von dem Archäologen) mit einem Pinsel sorgfältig freigelegt.
c Ohne dass es (von ihm) bemerkt wurde, wurde er (vom Wind) höher und höher getragen.
d Jedes Jahr werden Bergunfälle (von Touristen mit unzureichender Ausrüstung) verursacht.
e Sind die Hausaufgaben schon (von dir) gemacht worden?
f Es soll nicht (von ihr) gedacht werden, sie wäre (von mir) vergessen worden.

2 HELLENTHAL (dpa). Eine rapide Zunahme von Tierdiebstählen aus Wildgehegen und zoologischen Gärten wird vom deutschen Wildgehege-Verband beklagt. Durch diese Diebstähle macht man oft jahrelange Zuchtbemühungen bei bedrohten Arten zunichte. Die Tiere, hauptsächlich Adler und exotische Vögel, schlägt man zumeist tot und „Naturliebhaber“ kaufen die ausgestopften Trophäen für mehrere tausend Euro.
ERFTSTADT (ra). Im August und September vergangenen Jahres versetzte pausenloses Sirenengeheul die Erftstädter in Angst und Schrecken. Ein unbekannter Feuerteufel trieb in Bliesheim und Herrig sein Unwesen. In unregelmäßigen Abständen wurden von ihm Strohmieten angezündet. Die Polizei ermittelte jetzt die Täter, einen 16-jährigen Schüler und ein 22-jähriges Mädchen. Man schätzt den Sachschaden, der von diesen „Feuerteufeln“ angerichtet wurde, auf über 400 000 Euro.

S. 24 3 Vorgangspassiv Zustandspassiv

Der Weberknoten wird auch als Kreuz- oder Flachknoten bezeichnet. Beginn des Weberknotens von rechts. Der rechte äußere Knüpffaden wird horizontal über die beiden mittleren Leitfäden gelegt. Daraufhin wird der linke Knüpffaden über den horizontal liegenden rechten Knüpffaden gelegt, unter den beiden mittleren Leitfäden durchgezogen und wieder über den rechten Knüpffaden gegeben. Jetzt ist der halbe Weberknoten fertig gestellt (Skizze a). Der gleiche Vorgang wird von links beginnend wiederholt. Damit ist ein von rechts begonnener Weberknoten geknüpft (Skizze b).

4 **a** öffnete: Aktiv – **b** erkannt war: Zustandspassiv, täterlos – wurde ... geheilt: Vorgangspassiv, täterlos – **c** hat: Aktiv – von einem Fremden gestohlen wurde: Vorgangspassiv, täterabgewandt – **d** ist von den Einbrechern ... geöffnet worden: Vorgangspassiv, täterabgewandt – **e** arbeitete: Aktiv – wurde: Aktiv

1.1.4 Indikativ – Konjunktiv – Imperativ
1.1.4.1 Die Konjunktivformen in der indirekten Rede

1 **a** könne – **b** könnten – **c** habe – **d** hätten – **e** bringe – **f** brächten – **g** müsse, sollten **S. 27**

2 sind: seien – wird: werde – verbrennt: verbrenne – entreißen: entrissen – fließt: fließe

3 nenne: nennt – aussehe: aussieht – empfange: empfängt – kämen: kommen – verwende: verwendet

4 In der Zukunftsstadt des Jahres 2030 führen vollautomatisch gesteuerte Elektromobile auf Elektronikstraßen. Die Fahrer könnten währenddessen die Zeitung lesen. Gleitbahnen ersetzten die Straßen und Kabinen-Taxis schwebten an Magnetbahnen. Über den heutigen Städten würden Raumstädte errichtet. Röhrenzüge mit Raketenantrieb verkehrten in Tunnels unter Wasser. Wohntürme im Wasser würden durch Last-U-Boote versorgt werden.

1.1.4.2 Modalverben

1 **Möglichkeit:** können – dürfen **S. 29**
Du kannst morgen kommen. – Darauf darf man wohl hoffen.
Notwendigkeit: müssen – sollen – wollen – dürfen
Du musst mir helfen. – Er sollte das wissen. – Sie will gut behandelt sein. – So etwas darf nicht mehr vorkommen.
Vermutung: können – dürfen – mögen – müssen
So kann er gelebt haben. – Das dürfte reichen. – Er mag es gewusst haben. – So muss er ungefähr aussehen.
Willensäußerung: wollen – mögen – sollen
Ich will dich sehen. – Ich möchte kommen. – Du sollst auf mich warten.
Erlaubnis: dürfen – können
Man darf hier nicht rauchen. – Zu Hause kannst du das machen.

2 So kann man ein „Kunstwerk auf Raten" herstellen: Jeder Mitspieler erhält einen Bleistift und einen langen, schmalen Zettel. Der Spielleiter muss nun ein Thema stellen, z. B. Mensch – Tier – Maschine usw. Beim Thema „Mensch" beispielsweise soll zunächst der Kopf gezeichnet werden; danach muss jeder das Papier so falten, dass man nur noch den Halsansatz sehen darf. Jeder Mitspieler soll nun den Zettel weiterreichen und Körper und Arme, in den nächsten Runden Beine und Schuhe zeichnen. Will man ein möglichst gelungenes Ergebnis erzielen, müssen die Ansätze der vorhergehenden Zeichnung gut sichtbar sein. Du möchtest dem „Kunstwerk" den „letzten Pfiff" geben? Jeder soll zum Schluss ein Motto darunter schreiben! Die anschließende Enthüllung der „Picassos" pflegt in ausgelassener Heiterkeit zu enden. Es scheint mehr Künstler in der Spielrunde zu geben, als man vorher ahnen konnte!

(Anmerkung: „pflegen" und „scheinen" sind keine echten Modalverben, man nennt sie „modifizierende Verben".)

1.1.4.3 Der Imperativ

S. 29 1 geben: Gib! Gebt! Geben Sie! – sammeln: Sammle! Sammelt! Sammeln Sie! – binden: Binde! Bindet! Binden Sie! – lesen: Lies! Lest! Lesen Sie! – verderben: Verdirb! Verderbt! Verderben Sie! – sprechen: Sprich! Sprecht! Sprechen Sie! – essen: Iss! Esst! Essen Sie! – messen: Miss! Messt! Messen Sie! – helfen: Hilf! Helft! Helfen Sie! – vergessen: Vergiss! Vergesst! Vergessen Sie! – sehen: Sieh! Seht! Sehen Sie! – atmen: Atme! Atmet! Atmen Sie! – fahren: Fahre! Fahrt! Fahren Sie! – waschen: Wasche! Wascht! Waschen Sie! – achten: Achte! Achtet! Achten Sie! – verbergen: Verbirg! Verbergt! Verbergen Sie! – öffnen: Öffne! Öffnet! Öffnen Sie! – sagen: Sage! Sagt! Sagen Sie! – bieten: Biete! Bietet! Bieten Sie! – werben: Wirb! Werbt! Werben Sie!

1.1.5 Zusammenfassung: Formveränderungen beim Verb

S. 30

Information über:	Beispiel:	
Die Gesprächsrolle	Ich lerne.	Jemand sprich von sich.
	Du liest.	Eine Person wird angesprochen.
	Er/sie/es spielt.	Man spricht über jemand anderen.
	Wir lernen.	Mehrere Personen sprechen von sich.
	Ihr lest.	Mehrere Personen werden angesprochen.
	Sie spielen.	Man spricht über mehrere andere.
	Sie haben Recht.	Man spricht eine oder mehrere andere Personen höflich an.
Die Zeitstufe	Uwe liest.	Ein Geschehen läuft jetzt ab.
	Tiere sind Lebewesen.	Etwas gilt jetzt und immer.
	Ich komme morgen.	Eine Handlung wird sich noch ereignen.
	Er lebte ganz allein.	Eine Handlung ist vergangen und reicht nicht mehr in die Gegenwart hinein.
	Er hat sie gesucht.	Eine Handlung ist geschehen, die in der Gegenwart nachwirkt.
	Sie hatte nie Freunde gehabt.	Ein Geschehen liegt noch vor bereits vergangenen Ereignissen zurück.
	Du wirst alles sehen.	Ein Geschehen wird erwartet.
	Sie wird es schon schaffen.	Man vermutet ein Geschehen.
	Sie wird das Ziel bald erreicht haben.	Ein Geschehen wird in der Zukunft abgeschlossen sein.
	Er wird den Schlüssel verloren haben.	Man vermutet, dass ein Geschehen in der Vergangenheit stattgefunden hat.
Die Sichtweise des Geschehens	Sie liest ein Buch.	Der Täter steht im Mittelpunkt des Geschehens.
	Das Buch wird gelesen.	Das Geschehen selbst steht im Mittelpunkt.
	Das Buch ist gelesen worden.	Das Ergebnis des Geschehens wird mitgeteilt.
Die Geltung der Aussage	Er hat Geld.	Eine Tatsache soll als wirklich gelten.
	Er sagt, er habe Geld.	Eine Annahme wird mitgeteilt.
	Wenn er doch Geld hätte!	Einem Wunsch wird Ausdruck verliehen.

1.2 Das Substantiv/Nomen

S. 31 1 **Konkreta:** Schere – Fenster – Fisch – Hund – Lampe – Mensch – Buch – Baum – Auto
Abstrakta: Freude – Liebe – Meter – Hunger – Frieden – Angst – Monat – Schlaf

3 **a** Wut, Zorn, Ärger – **b** Ratlosigkeit – **c** Liebe, Zuneigung, Sympathie, Zärtlichkeit

1.3 Das Substantiv/Nomen und die Artikel und Pronomen

S. 33 1 Der (B) Hase rannte einem (B) Wolf davon. Da kam ihm (St) eine (B) Schnecke in die (B) Quere. Um sie (St) nicht zu verletzen wich er (St) aus und stieß in vollem Lauf gegen einen (B) Baum.
Die (B) Schnecke wartete, bis der (B) Hase wieder zu sich (St) kam, dann sagte sie (St): „Nimm dir (St) ein (B) Beispiel an mir (St), ich (St) bin noch niemals beim (bei dem, B) Ausweichen gegen einen (B) Baum gerannt."

2 Ein (B = A) – er (St = Pr) – einer (B = A) – er (St = Pr) – eine (St = A) – die (St = Pr) – er (St = Pr) – seinem (B = Pr) – der (B = A) – ihn (St = Pr) – es (St = Pr) – Ich (St = Pr) – der (B = A) – ich (St = Pr) – sie (St = Pr)

3 **a** Das (Pr) hätte ich (Pr) nicht von dir (Pr) gedacht!
b Das (A) Buch, das (Pr) ich (Pr) mir (Pr) ausgeliehen habe, ist sehr spannend.
c Ich (Pr) glaube nicht, dass das (Pr) gut geht.
d Alle (Pr) die (A) Schülerinnen, die (Pr) an den (A) Bundesjugendspielen teilnehmen wollen, müssen pünktlich auf dem (A) Sportplatz sein.
e Hunde, die (Pr) bellen, beißen nicht.

S. 34 4 Liebe Petra,
ich habe mich nun endlich entschlossen, dir mitzuteilen, dass ich deine (eure) Einladung gerne annehme. Meine Eltern haben auch nichts dagegen, dass wir die Ferien gemeinsam verbringen werden. Ich hoffe, es wird uns beiden wieder gelingen, deinen Bruder zu einem längeren Ausflug mit seinem (eurem/unserem) Boot zu überreden. Sicherlich werden wir alle wieder viel Spaß haben.

Ich sende dir viele Grüße!
Deine Anna

5 Jene Sprachreise – Diese Reiseform – dieselbe Sprache – Dieser Bildungsurlaub

6 **a** Wer (Relativ-/Interrogativpr.) glaubt, Sie (Personalpr.) mit Komplimenten ködern zu können, dürfte sich (Reflexivpr.) getäuscht haben.
b Etwas (Indefinitpr.) stellt Ihr (Possessivpr.) Vorhaben in Frage.
c Jemand (Indefinitpr.), der (Relativpr.) Ihnen (Personalpr.) nahesteht, möchte eine Zusage.
d Man (Indefinitpr.) bezweifelt Ihr (Possessivpr.) Durchhaltevermögen, aber Sie (Personalpr.) schaffen es (Personalpr.) bestimmt.

e Jemand (Indefinitpr.) folgt Ihnen (Personalpr.). Dieses (Demonstrativpr.) schmeichelt Ihnen (Personalpr.).

1.3.1 Der Numerus

S. 36

4 **Singular:** das Kupfer (es) – der Schnee (er) – der Fleiß (er) – das Obst (es) – der Frieden (er) – das Geflügel (es) – (das berühmte) Köln (es) – die Butter (sie) – das Glück (es)
Plural: die Eltern (sie) – die Ferien (sie) – die Alpen (sie) – die Masern (sie) – die Spaghetti (sie) – die Leute (sie) – die Tropen (sie) – die Geschwister (sie) – die Kosten (sie)

6 Die Bildung des Singulars erfolgt durch drei Formen (der, die, das; er, sie, es), die des Plurals durch eine (die; sie).

1.3.2 Das Genus

1 **Femininum:** diese – manche – meine – deine – seine – unsere – eure – ihre Blume S. 37
Neutrum: jenes – dieses – manches – mein – dein – sein – unser – euer – ihr Feld
Plural der Artikel und Pronomen in allen Genera gleich:
die – jene – diese – manche – meine/deine/seine – unsere/eure/ihre Gärten/Blumen/Felder

2 Beispiele für diesen Sachverhalt sind:
die Person – das Fräulein – das Bübchen – das Kind – der Gast – der Passagier – der Vormund – der Lotse – der Häftling – der Flüchtling

3 der Prospekt – der Triangel – das Gummi (der Gummi = der Radiergummi) – die Kartoffel – das Orchester – das Dia – das/der Virus = der/das Bonbon S. 38

4 der/die Leiter – der/die Marsch – der/die Taube – der/die Otter – der/das Harz – die/das Mark – das/der Tau – die/der Mast – der/das Bauer – der/das Band – der/das Gehalt – der/das Erbe

1.3.3 Die vier Kasus

1 **a** Das Ende des/eines/jenes/dieses/manchen/deines/eures Tages kam. S. 40
b Das Ende der/einer/jener/dieser/mancher/seiner/unserer Nacht kam.
c Das Ende des/eines/jenes/dieses/manchen/meines/ihres Jahres kam.
d Eis schmeckt dem/einem/jenem/diesem/manchem/deinem/eurem Onkel.
e Eis schmeckt der/einer/jener/dieser/mancher/seiner/unserer Tante.
f Eis schmeckt dem/einem/jenem/diesem/manchem/meinem/ihrem Kind.
g Ich lese den/einen/jenen/diesen/manchen/deinen/euren Brief.
h Ich lese die/eine/jene/diese/manche/seine/unsere Zeitung.
i Ich lese das/ein/jenes/dieses/manches/mein/ihr Buch.

2 Sein Ende kam. / Ihr Ende kam. / Sein Ende kam.
Eis schmeckt ihm. / Eis schmeckt ihr. / Eis schmeckt ihm.
Ich lese ihn. / Ich lese sie. / Ich lese es.

S. 41 **4** **a** meiner Nachbarin (meines Nachbarn/wessen?): Genitiv
b Er (der Hund/wer?): Nominativ
(durch) das Treppenhaus (den Flur/wen oder was?): Akkusativ
(auf) die Straße (den Gehweg/wen oder was?): Akkusativ
c einer Radfahrerin (einem Radfahrer/wem?): Dativ
(vor) das Rad (den Reifen/wen oder was?): Akkusativ
d Waldi (dem Hund/wem?): Dativ
e Dieser (der Dackel/wer?): Nominativ
(hinter) eine Mülltonne (den Papierkorb/wen oder was?): Akkusativ

5

Nominativ	Genitiv	Dativ	Akkusativ
die Seeschwalbe der charakteristische Keilflug ein nachfolgender Vogel	der Zugvögel des anderen Vogels	(in) dem Windschatten	ihre Brut schleswig-holsteinische Laubwälder die Städte die weiteste Reise den Vorteil

1.4 Das Adjektiv

S. 43 **1** gut: besser, am besten – viel: mehr, am meisten/das meiste – hoch: höher, am höchsten – nahe: näher, am nächsten

2 Nein, nur den Superlativ (= die Höchststufe):
äußere: äußerste – innere: innerste – obere: oberste

3 Diese Adjektive bilden überhaupt keine Vergleichsform, da das durch sie Ausgesagte einen Vergleich verschiedener Grade ausschließt.

4 leicht löslich: leichter löslich, am leichtesten löslich – nahe liegend: näher liegend, am nächsten liegend – dicht bevölkert: dichter bevölkert, am dichtesten bevölkert – gut gelaunt: besser gelaunt, am besten gelaunt

5 leichtsinnig: leichtsinniger, am leichtsinnigsten – großartig: großartiger, am großartigsten – langweilig: langweiliger, am langweiligsten – gutmütig: gutmütiger, am gutmütigsten – altklug: altklüger, am altklügsten

2 Satzlehre

2.1 Satzarten

1 Aussagesatz: (Aus) – Fragesatz: (Fra) – Aufforderungssatz: (Auf) **S. 47**
a Der Lehrer sagt im Deutschunterricht (Aus): „Wer kann einen Satz mit ‚Pferd und Wagen' bilden?" (Fra) Heini meldet sich (Aus): „Das Pferd zieht den Wagen." (Aus) – „Das hast du gut gemacht! (Aus) Und jetzt nenne mir die Befehlsform!" (Auf) – Heini (Aus): „Hü!" (Auf)
b Uwe ist dreizehn Jahre alt und findet sich schon ganz schön erwachsen (Aus). Neulich hat er sich auf dem Schulhof eine Zigarette angezündet (Aus). Plötzlich stand der aufsichtführende Lehrer neben ihm (Aus): „Was fällt dir ein? (Fra) Mach sofort die Zigarette aus! (Auf) Weißt du nicht, dass Rauchen grundsätzlich verboten ist?" (Fra) Weshalb hatte der Lehrer Recht? (Fra)

2 „Da ist ein Papierkorb." – Von der Form her betrachtet handelt es sich um einen Aussagesatz, gemeint aber ist eine Aufforderung: „Wirf das Papier dort hinein!" Ebenso weichen Form und Inhalt in den beiden anderen Beispielen voneinander ab:
a Gemeint ist eine Aufforderung: „Kaufe mir bitte das Kleid!"
b Gemeint ist: „Es tut mir leid, dass du erkältet bist."

2.2 Satz und Satzglieder

1 **a** Martina | sammelt | mit großem Eifer | alte Postkarten. **S. 48**
b Birgits Schwäche | sind | nach wie vor | Kosmetikproben.
c Ihre Schwestern | beschäftigen sich | in jeder freien Minute | mit chemischen Versuchen.
d Hans | verbringt | den größten Teil seiner Freizeit | auf seinem Boot.
e Nach langer Zeit | besuchte | die erwachsene Enkeltochter | ihre Großeltern | in Hamburg.

2 Eine hundertjährige Buche | hat | ein riesiges Blätterdach. Es | hat | mit rund 1600 Quadratmetern Blattoberfläche | etwa die Ausdehnung einer Turnhalle. Bei der Fotosynthese | nimmt | die Buche | mit ihren Blättern | die Sonnenenergie | auf. Sie | baut | aus dem Kohlendioxid der Luft und den Mineralien aus dem Boden | Zucker und Stärke | auf. Dabei | fabriziert | sie | Sauerstoff. Ihn | brauchen | wir | zum Atmen.

3 Ein Hirsch | wurde | von den Jägern | verfolgt. Er | entkam | ihnen. Er | versteckte | sich | in einem Weinberg. Die Jäger | entdeckten | ihn | dort | nicht. Sie | gingen | vorbei. Der Hirsch | glaubte | sich | gerettet. Da | weidete | er | sogleich | die Blätter eines Weinstockes | ab. Einer der Jäger | hörte | es. Es | knisterte | in den Blättern. Er | vermutete | es | gleich: Dort | ist | ein Tier | verborgen. Er | wandte | sich | um. Er | warf | seinen Spieß | dorthin. Er | traf | dabei | den Hirsch | zu Tode. Da | sagte | dieser | sterbend: „Mir | geschieht | recht! Ich | habe | mich | an meinem Retter | vergriffen." **S. 49**

4 aber – und – und – sodass – aber – wie – weil – dass – und – warum

5 Der Flug | hat | zwar | nur zwölf Sekunden | gedauert. Es | ist | der erste | in der Geschichte der Menschheit | gewesen. Eine Maschine | hat | sich | aus eigener Kraft und völlig ungebunden | in die Luft | erhoben. Sie | trug | einen Menschen. Sie | ist | eine Strecke | geflogen. Sie | ist | schließlich | an einem Punkt | gelandet. Er | lag | nicht niedriger als der Startplatz.

6 **a** (Es) klapperten | die Klapperschlangen, | (bis) ihre Klappern | schlapper | klangen.
b (Es) bellt | ein Hund | in Bielefeld, | der | grade so | wie viele | bellt.

2.3 Das Prädikat

S. 51 1 **a** Um den Sieg | kämpfte | der jüngste Leichtathlet dieses Wettbewerbs | vergebens.
b Die offizielle Stellungnahme der Bundesregierung | verliest | der Pressesprecher | in der heutigen Pressekonferenz.
c Nun | begann | nach einem langen, heißen Sommer | ein ebenso schöner Herbst.

2 enthielt – gab – beherrschten – waren – war – hatte

3 Danach | unterzogen | die Reisenden | wieder | Erde und Mond | einer aufmerksamen Beobachtung. Man | sah | die Erde | nur in Gestalt einer aschgrauen Scheibe. Sie | endigte | in einer noch schmaleren Sichel als gestern. Ihr Umfang | war | noch immer | ungeheuer groß | im Vergleich mit dem des Mondes. Er | wurde | mehr und mehr | zu einem vollständigen Kreis.

S. 52 4 will ... kaufen – kommt ... heran – sind – drängen ... ab – verliert – stößt ... durch – erwischt – ist – können ... benehmen – fragt – habe ... vasucht – benehme

6 Bei der Umstellprobe bleibt die Klammer erhalten:

Die Zeitung hielt er fest.

Ihn wollte sie nicht sehen.

Ihn hat sie nicht gesehen.

Dich hätte ich gern besucht.

Schon wurde/ist er besiegt.

7 sagte – gab ... zurück – bekam – verging – fauchte – rauchte – schwelte – rußte – ließ – schob

2.4 Das Subjekt

1 Infinitivprobe/Frage vom Geschehen her: **S. 54**
a sofort Absturzalarm auslösen: der Flugsicherungsbeamte / Wer löst ... aus?
b die Meldung vom Flugzeugabsturz um 14 Uhr 25 in den Agenturen durchgeben: die Fernschreiber / Wer oder was gibt ... durch?
c in den Nachrichten um 17 Uhr über das Unglück informieren: das Fernsehen / Wer oder was informiert ...?
d um 17 Uhr 45 die Absturzstelle erreichen: der erste Reporter / Wer erreicht ...?
e in einem telefonischen Bericht für seine Zeitung den Ort des Geschehens beschreiben: er / Wer beschreibt ...?
f in der Sendung „Echo des Tages" um 19 Uhr 30 vom Absturzort berichten: der Hörfunk / Wer oder was berichtet ...?
g vom Fernsehen um 20 Uhr gezeigt werden: der erste Nachrichtenfilm / Was wird gezeigt?
h am nächsten Morgen ausführliche Reportagen und Kommentare veröffentlichen: die Zeitungen / Wer oder was veröffentlicht ...?

2 ein Hirsch – er – die Jäger – der Hirsch – er – einer der Jäger – es – er – ein Tier – er – er – dieser – ich

3 Subjekte: ein Autofahrer – ein Fordwagen – der Lenker – der Autofahrer – der, Ford selbst – ich – der Autofahrer – Sie

4 **a** = Infinitiv – **b** = Partizipgruppe – **c** = Infinitivgruppe – **d** = Nebensatz – **e** = Infinitivgruppe **S. 55**

6 Das Subjekt dieses Satzes „ein Vehikel" enthält 14 Ausbauteile: **S. 56**
Ein | über die Maßen | Aufsehen erregendes | offenbar | selbst gebautes | laut | klapperndes | vorne | (und) | hinten | ziemlich | verbeultes | nach Öl | stinkendes | (und) | schwarze | Abgaswolken verbreitendes | Vehikel.

7 **a** Der knallharte Schuss war unhaltbar. Er war über den linken Flügel gespielt und gut vorbereitet worden. So war er nicht mehr zu stoppen.
b Mein neuer Kassettenrekorder ist schon kaputt. Er ist mit allen technischen Raffinessen ausgestattet. Meine Eltern haben ihn mir zum letzten Geburtstag geschenkt.
c Eine alte, halb verfallene Hütte diente den Schmugglern als Versteck. Sie war früher von Waldarbeitern errichtet worden. Sie war im dichten Unterholz versteckt und wurde seit langem nicht mehr benutzt.

2.5 Objekte
2.5.1 Das Akkusativobjekt

1 **a** alle Gefahren – **b** einen äußerst wirkungsvollen Zaubertrank – **c** ihr Dorf – **d** Wildschweinbraten – **e** den Barden **S. 57**

S. 58 **2** (für) eine Knatterbüchse – eine kleine Konservendose – dünnen Stoff – Gummiringe – starkes Garn – Klarlack – einen Knopf – 50 cm Perlonfaden – ein 20 cm langes Rundholz – den Deckel – (den) Boden – den Stoff – (auf) eine Öffnung – ihn – den Knopf – den Faden – (durch) die Membran – das Rundholz – den Perlonfaden – die Kerbe – (die) Schlinge – den Faden – die Schlinge – Schwingungen

3 **a** ... einen | mit Diamanten besetzten | kostbaren | bereits von seiner Großmutter | vererbten | Ring
b ... eine | lange | (und) engagierte | (aber) sachlich bleibende | Diskussion
c ... | so alte | verwaschene | (und) geflickte | Jeans

4 **a** Er besitzt viele alte, nicht mehr käufliche, aber sehr gut erhaltene und von daher auch wertvolle Bücher.
b Diesen schlanken, auffallend blonden, immer gut gelaunten und zu einem Scherz aufgelegten, sowohl an Sport wie auch an Musik interessierten, einfach außergewöhnlichen Jungen schätzt sie.
c Klaus sammelt neue und alte, verkratzte und noch gut erhaltene, für ihn interessante, jedoch für andere oft langweilige, weil die Musik längst unmoderner Stilrichtungen wiedergebende Schallplatten.

2.5.2 Das Dativobjekt

S. 59 **3** fünf jungen Männern aus Brasilien – einem ausverkauften Fußballstadion – ihnen – dem Schlagerfußballspiel – den Veranstaltern

4 **a** ... seinem | alten | in Gesten | (und) Reaktionen | durch | viele | Jahre hindurch | vertrauten | Freund ...
b ... ihrer | zwar fast erwachsenen | (aber) in ihren Entscheidungen | aufgrund ihrer Unerfahrenheit | doch | noch | ziemlich | unsicheren | Tochter ...
c Diesem | trotz harter Schicksalsschläge | noch | so | freundlichen | den Problemen | der Jugend | gegenüber | aufgeschlossenen | Herrn ...

2.5.3 Das Genitivobjekt

S. 60 **1/2** Er rühmt sich seiner Klugheit. – Er rühmt sich, klug zu sein.
Ich bedarf deiner Hilfe. – Ich benötige deine Hilfe.
Ich erinnere mich des Geschehens. – Ich erinnere mich, dass das geschah.
Sie vergewissert sich seiner Treue. – Sie vergewissert sich, dass er treu ist.
Man entledigte sich dieser Pflicht. – Man befreite sich von dieser Pflicht.
Sie bemächtigte sich seines Geldes. – Sie nahm sein Geld in Besitz.
Man konnte sich dieses Eindruckes nicht erwehren. – Man hatte diesen Eindruck.

3 Genitivobjekte: seines Amtes – eines Besseren – seiner Haut – jeder Grundlage

4 Die Substantive, die hier im Genitiv stehen, bilden mit ihrem Bezugswort einen Sinnblock. Sie bleiben bei der Umstellprobe immer zusammen, d. h., sie bilden mit dem Bezugswort ein Satzglied.

2.5.4 Der Gleichsetzungsnominativ

1 **a** mein Freund – **b** mein Onkel – **c** die wichtigste Frage – **d** Ärztin, Lehrerin **S. 60**

2.5.5 Der Gleichsetzungsakkusativ

1 **a** einen armen Teufel – **b** als Entschuldigung – **c** als ihren Freund – **d** als Ratgeber **S. 61**

2.5.6 Das Präpositionalobjekt

2 **Beispiele:** mit etwas angeben – an etwas arbeiten – sich über etwas aufregen – mit etwas beginnen – auf etwas bestehen – für etwas büßen – sich auf jemanden einstellen – nach jemandem fahnden – sich vor etwas fürchten – auf jemanden hoffen – um jemanden kämpfen – gegen etwas protestieren – sich an jemandem rächen – sich nach jemandem sehnen – für jemanden stimmen – nach etwas urteilen – gegen etwas verstoßen – auf jemanden verzichten – über etwas weinen – auf jemanden zurückkommen – auf jemanden/etwas warten – mit etwas rechnen – sich auf jemanden/etwas verlassen – sich um jemanden kümmern – sich wegen etwas schämen – für etwas geradestehen ... **S. 62**

2.6 Das Adverbiale/die adverbiale Bestimmung

1/2 Im ganzen 18. Jahrhundert: wann? – in Frankreich: wo? – auf die niedrigsten Temperaturen: wohin? – seit Menschengedenken: seit wann? – in Paris: wo? – auf den Straßen: wo? – an den Bäckerläden: wo? – vor Sonnenaufgang: wann? – in langen Schlangen: wie? – bei den Bauern: wo? – auf dem Lande: wo? – wegen Dürre und Hagelschlags: weshalb? – außerhalb der Hauptstadt: wo? – in ihm: wo? – in den hell erleuchteten Sälen: wo? **S. 63**

3 Im ganzen 18. Jahrhundert: in de<u>m</u> Zeitraum (Dativ) – in Frankreich: in de<u>m</u> Bereich (Dativ) – auf die niedrigsten Temperaturen: auf de<u>n</u> Gefrierpunkt/auf <u>wen</u> oder <u>was</u>? (Akkusativ) – seit Menschengedenken: seit de<u>m</u> Tag (Dativ) – in Paris: in eine<u>m</u> Bezirk (Dativ) – auf den Straßen: auf de<u>m</u> Weg (Dativ) – an den Bäckerläden: an de<u>m</u> Bäckerladen (Dativ) – vor Sonnenaufgang: vor de<u>m</u> Sonnenaufgang (Dativ) – in langen Schlangen: in eine<u>m</u> langen Stau (Dativ) – bei den Bauern: bei de<u>m</u> Bauern/bei <u>wem</u>? (Dativ) – auf de<u>m</u> Lande (Dativ) – wegen Dürre und Hagelschlags: wegen de<u>s</u> Hagels (Genitiv) – außerhalb der Hauptstadt: außerhalb de<u>s</u> Bezirks/außerhalb <u>wessen</u>? (Genitiv) – in ih<u>m</u> (Dativ) – in de<u>m</u> hell erleuchteten Saal (Dativ) **S. 64**

S. 65 4–7

lokales Adverbiale	**temporales Adverbiale**	**modales Adverbiale**	**kausales Adverbiale**
draußen von draußen hier in die Stadt innen bis zum Fluss unter dem Schrank überall aus dem Wald rechts nirgends	rechtzeitig endlich immer abends stundenlang plötzlich einmal häufig in den Ferien bei schönem Wetter (= wenn/während ...) nächstes Jahr seit/bis heute jeden Sonntag schon nun drei Tage lang eines Morgens	beinahe vergeblich sehr empört mit einem Scheck mit Eifer gern mit einem Messer frohen Mutes fast anders sogar	nämlich wegen Krankheit darum deshalb aus Neugierde

konditionales Adverbiale	**finales Adverbiale**	**konsekutives Adverbiale**	**konzessives Adverbiale**
bei schönem Wetter (= wenn/falls ...) andernfalls unter diesen Umständen	zur Erholung zum besseren Verständnis zur allgemeinen Freude dazu	zum Davonlaufen infolge eines Unfalls auf seinen Rat hin	trotz dieser Unart trotz des schlechten Wetters trotzdem entgegen unserer Erwartung doch

S. 66 **8** allein – genau – plötzlich – vor einer Steckdose – nach oben, unten, rechts, links – schließlich – mitleidig

2.6.1 Präpositionalobjekt oder Adverbiale?

S. 66 **1** Präpositionalobjekt (punktiert unterstrichen) Adverbiale (unterstrichen)

a An diesem Abend – nach seinem Hamster

b vor Wut – an die Wand

c an vielen Tagen – durch die Wolken

d mit großer Sorgfalt – an einem Modellflugzeug

e Nach jeder Pause – auf dem Schulhof

f Während der Klassenarbeiten

g seit vielen Jahren – im Gebirge

h Trotz des Rotlichts – mit hoher Geschwindigkeit – über die Kreuzung

i Wegen ihres heiteren Wesens – mit allen Klassenkameraden

j In den kommenden Ferien – im Skilaufen

2 **lokale Adverbialien:** an die Wand – auf dem Schulhof – im Gebirge
temporale Adverbialien: an diesem Abend – an vielen Tagen – nach jeder Pause – während der Klassenarbeiten – seit vielen Jahren – in den kommenden Ferien
modale Adverbialien: mit großer Sorgfalt – mit hoher Geschwindigkeit
kausale Adverbialien: vor Wut – wegen ihres heiteren Wesens
konzessives Adverbiale: trotz des Rotlichts

3 Beispiele: **S. 67**

auf: Ich sitze auf dem Stuhl. – Ich warte auf dich.

an: Er steht an der Haltestelle. – Er macht sich an die Arbeit.

in: Sie wohnt in Berlin. – Sie fügt sich in ihr Schicksal.

mit: Sie hört mit Interesse zu. – Man sollte mit dem Rauchen aufhören.

über: Man war über die Maßen freundlich. – Ich stöhnte über die Arbeit.

nach: Sie ruft nach Dienstschluss an. – Dort wird nach Öl gebohrt.

2.7 Die Satzglieder im Überblick

1 **a** Bald nach seiner Rückkehr aus dem Urlaub (temporales Adverbiale) | erhielt (Prädikat) | er (Subjekt) | durch die Empfehlung seines Freundes (kausales Adverbiale) | eine neue Arbeitsstelle (Akkusativobjekt). **S. 67**
b Nach einer heftigen Diskussion (temporales Adverbiale) | erlauben (Prädikat) | die Eltern (Subjekt) | schließlich (temporales Adverbiale) | der Tochter (Dativobjekt) | den Besuch der Party (Akkusativobjekt).
c Fünf Millionen Menschen (Subjekt) | in Deutschland (lokales Adverbiale) | sahen (Prädikat) | bis jetzt (temporales Adverbiale) | diesen Film (Akkusativobjekt).

d Der Jazz (Subjekt) | entwickelte sich (Prädikat) | vornehmlich (modales Adverbiale) | aus dem Blues der amerikanischen Negersklaven (Präpositionalobjekt).

2.8 Das Attribut

S. 72 **2** **a** Sie kaufte für ihre Tochter eine Hose, die modisch geschnitten war.
b Klaus stellt das Buch, das äußerst langweilig ist, in das Regal zurück.
c Die Gastgeberin betrat ohne ihren Mann den Raum, der festlich erleuchtet war.

3 wenigen – besonders | im Winter – des Sinai – gewaltigen – sintflutartig | niedergehenden – harten | felsigen – vielfach | miteinander | verbundenen – katastrophalen Ausmaßes – im Sinai | lebenden – sich der Gefahr bewusst – starken – herannahende – die sonst als Weideplätze für ihre Ziegenherden begehrt sind

4 **a** nicht unterschriebene: ..., die nicht unterschrieben sind, ... – **b** ausgedruckten: ..., der ausgedruckt ist, ... – **c** vor drei Wochen aus der Bücherei entliehenen: ..., die ich vor drei Wochen aus der Bücherei entliehen habe, ... – **d** dort drüben: ..., welches dort drüben hängt, ... – **e** zwar schon älteren, aber immer noch einwandfrei funktionierenden: ... den Fotoapparat, der zwar schon älter ist, aber immer noch einwandfrei funktioniert, ... – **f** von meinem Bruder gemachten: ..., die mein Bruder gemacht hat, ...

2.9 Satzverknüpfungen

S. 75 **1/2** **a** Ich habe regelmäßig trainiert und jetzt sehe ich den Erfolg. (SR)
Weil / da ich regelmäßig trainiert habe, sehe ich jetzt den Erfolg. (SG)
b Du räumst dein Zimmer auf oder du hilfst mir beim Spülen. (SR)
Du räumst entweder dein Zimmer auf oder du hilfst mir beim Spülen. (SR)
Du räumst dein Zimmer auf und du hilfst mir beim Spülen. (SR)
Nachdem du dein Zimmer aufgeräumt hast, hilfst du mir beim Spülen. (SG)
Du räumst dein Zimmer auf, ehe du mir beim Spülen hilfst. (SG)
c Er rief mehrere Male an, aber / allein er erreichte sie nicht. (SR)
Er rief mehrere Male an, denn er erreichte sie nicht. (SR)
Obwohl er mehrere Male anrief, erreichte er sie nicht. (SG)
Er rief mehrere Male an, doch / jedoch erreichte er sie nicht. (SR)
d Ihr solltet uns helfen, denn wir schaffen die Arbeit nicht alleine. (SR)
Ihr solltet uns helfen, da / weil wir die Arbeit nicht alleine schaffen. (SG)
e Mach bitte das Licht aus, denn ich kann nicht schlafen. (SR)
Mach bitte das Licht aus, weil / da ich nicht schlafen kann. (SG)
f Sie muss dafür sorgen, denn sie ist zur Klassensprecherin gewählt worden. (SR)
Sie muss dafür sorgen, seitdem / nachdem / wenn sie zur Klassensprecherin gewählt worden ist. (SG)
g In den Ferien regnete es häufig, trotzdem / dennoch haben wir uns gut erholt. (SR)
Obwohl es in den Ferien häufig regnete, haben wir uns gut erholt. (SG)

h Peter interessiert sich nicht nur für Klassik, sondern er hört auch gerne Pop-Musik. (SR)
Da / weil Peter sich nicht nur für Klassik interessiert, hört er auch gerne Pop-Musik. (SG)

3 **a** Sie sammelte viele Pflanzen, trocknete und presste sie sorgfältig, klebte sie anschließend in ein Album und bezeichnete sie mit ihrem botanischen Namen.
b Er kaufte sich einen Hund, wollte ihn zum Wachhund abrichten lassen und brachte ihn deshalb zu einem geschulten Trainer.
c Er reparierte sein Fahrrad, putzte es gründlich, wollte es verkaufen und fand aber keinen Käufer dafür.

5 **a** Sie suchte die Wolle aus. Sie kaufte die entsprechende Menge Wolle. Sie strickte mit der Wolle einen Pullover.
b Er baute ein Schiffsmodell. Er bemalte das Schiffsmodell genau nach der Vorlage. Er trug das Schiffsmodell zum nahe gelegenen See. Er wagte dann aber doch nicht, das Schiffsmodell schwimmen zu lassen.
c Er sortierte alle verfügbaren Comic-Hefte. Er bündelte die Comic-Hefte nach Jahrgängen. Er machte mit den Comic-Heften auf dem Flohmarkt einen Stand auf.

2.10 Haupt- und Gliedsatz (Nebensatz)

1 **a** Als es Abend wurde, ging er müde zu Bett. **S. 77**
b Bald musste sie erkennen, dass dieses Unternehmen aussichtslos war.
c Ich bezweifle aber, dass dieser Versuch gelingt.
d Für ihn hatte keine Bedeutung, welchen Beruf sie hatte.
e Die Eltern erkundigten sich (danach), was die geplante Klassenfahrt kosten würde.
f Sie sah diesem bedeutungsvollen Tag entgegen, ohne dass sie sich aufregte.
g Ich verbiete es dir, weil ich die Gefahren kenne.
h Alle hörten gerne zu, wenn sie erzählte.

2 **a** Bevor wir frühstücken, machen wir einen Waldlauf.
b Er war (darüber) informiert worden, was sie vorhatte.
c Das Fußballspiel musste abgesagt werden, weil die Platzverhältnisse schlecht waren.
d Ich erwarte von dir, dass du dich entschuldigst.
e Nachdem sie zu Mittag gegessen hatte, traf sie ihre Freundin.
f Obwohl er wenig verdienen würde, nahm er die Stelle an.
g Wie groß der Schaden ist, steht noch nicht fest.
h Als die Schule aus war, gingen sie sofort ins Schwimmbad.

3 **a** Der Erste erhält einen Preis. **S. 78**
b Ich hoffe auf einen Brief von dir.
c Morgens brachen sie zu einer langen Wanderung auf.
d Nach dem Schließen der Fenster ließ sie auch noch die Jalousien herunter.
e Er schickte vor seiner Rückkehr aus dem Urlaub ein Telegramm.
f Wir machten trotz des heftigen Regens einen langen Spaziergang.

4 Ein Pfarrer bemerkt, dass in seinem Garten ständig Äpfel gestohlen werden. Also hängt er an den Baum ein Schild mit der Aufschrift: „Gott sieht alles!" Als er am nächsten Morgen in den Garten kommt, steht mit Kinderschrift darunter: „Aber er petzt nicht."

5 ... gebildet, weil die Bahnschranke geschlossen ist. – ... zum anderen, indem er erklärt: – ... machen Sie sich darauf gefasst, dass Sie länger warten müssen. – ... die Meldung, dass der Zug sechzig Minuten Verspätung hat.

2.10.1 Gliedsätze in der Rolle von Satzgliedern

S. 80

1 **a** deine Anstrengungen: Akkusativobjekt
Ich habe gesehen, dass du dich anstrengst.
b seines Sieges: Genitivobjekt
Er vergewisserte sich, dass er gesiegt hatte.
c Trotz ihrer leichten Verletzung: konzessives Adverbiale
Obwohl sie leicht verletzt ist, hat sie im Wettkampf eine Chance.
d Seine Freundlichkeit: Subjekt
Dass er so freundlich war, machte ihr Mut.
e bei dieser Hitze: temporales oder konditionales Adverbiale
Während/Wenn es so heiß ist, kann ich nicht arbeiten.
f mit seiner Berufswahl: Präpositionalobjekt
Die Eltern waren (damit) einverstanden, dass er diesen Beruf gewählt hatte.
g seinen Beteuerungen: Dativobjekt
Könnte man doch glauben, was er beteuert!
h aus Vorsicht: kausales Adverbiale
Sie hatte geschwiegen, weil sie vorsichtig war.

2 **a** Sie fürchtet sich, während es dunkel ist.
temporales Adverbiale: bei Dunkelheit
b Ob er bald ankommt, ist zweifelhaft.
Subjekt: Seine baldige Ankunft
c Ich hoffe, dass sich deine Einstellung ändert.
Präpositionalobjekt: auf eine Änderung deiner Einstellung
d Wo ein Wille ist, ist auch ein Weg.
lokales Adverbiale: Dort
e Jeder wünscht sich, dass er erfolgreich ist.
Akkusativobjekt: den Erfolg
f Er war darüber bestürzt, dass sie sich so ablehnend verhielt.
Präpositionalobjekt: über ihre ablehnende Haltung
g Man konnte stundenlang zuhören, wenn sie von ihren Reisen berichtete.
Dativobjekt: ihren Reiseberichten
h Wenn du mir nicht hilfst, werde ich das nicht schaffen.
konditionales Adverbiale: Ohne deine Hilfe

3 **a** Abends: temporales Adverbiale – Adverbialsatz
b die Aussichtslosigkeit des Unternehmens: Akkusativobjekt – Objektsatz
c das Gelingen dieses Versuchs: Akkusativobjekt – Objektsatz
d ihr Beruf: Subjekt – Subjektsatz
e nach den Kosten der geplanten Klassenfahrt: Präpositionalobjekt – Objektsatz
f ohne Aufregung: modales Adverbiale – Adverbialsatz
g wegen der Gefahren: kausales Adverbiale – Adverbialsatz
h ihren Erzählungen: Dativobjekt – Objektsatz

2.10.2 Inhaltliche Beziehungen zwischen Haupt- und Gliedsatz (Adverbialsatz)

1 **a** Christine fährt mit Vaters Auto, weil/wenn/solange/sobald/seit sie den Führerschein hat. **S. 82**
b Sie war glücklich, weil/obwohl/ohne dass/solange/seit/bevor sie diesen Mann liebte.
c Die Schüler haben schulfrei, weil/wenn/während/bevor die Lehrer eine Konferenz haben.
d Der Sommer war vorüber, da/wenn/sodass/während/sobald/bevor die Tage merklich kürzer wurden.
e Monika kauft sich ein neues Fahrrad, da/falls/solange/sobald/ehe sie viel Geld hat.

2 wenn/sobald – weil/da – als/nachdem/sobald – weil/da

3 Lösungssätze zu Aufgabe 2, Seite 77 f.:
a Bevor wir frühstücken, ...: Temporalsatz (nachzeitig)
c ..., weil die Platzverhältnisse schlecht waren: Kausalsatz
e Nachdem sie zu Mittag gegessen hatte, ...: Temporalsatz (vorzeitig)
f Obwohl er wenig verdienen würde, ...: Konzessivsatz
h Als die Schule aus war, ...: Temporalsatz (vorzeitig)
Aufgabe 3, Seite 78:
c Als der Morgen kam, ...: Temporalsatz (gleichzeitig)
d Nachdem sie die Fenster geschlossen hatte, ...: Temporalsatz (vorzeitig)
e ..., bevor er aus dem Urlaub zurückkam, ...: Temporalsatz (nachzeitig)
f ..., obwohl es heftig regnete: Konzessivsatz

4 Eine Frau hatte eine Henne, die ihr jeden Tag ein Ei legte (Relativsatz). Weil sie hoffte (Kausalsatz), die Henne werde zweimal am Tag legen, wenn sie ihr doppeltes Futter vorwerfe (Konditionalsatz), tat sie dies. Da wurde die Henne so fett, dass sie nicht einmal mehr ein Ei legte (Konsekutivsatz). **S. 83**

5 **a** Nachdem sie den ganzen Nachmittag verplaudert haben, ...: Temporalsatz (vorzeitig) – ... bevor du gehst, ...: Temporalsatz (nachzeitig)
b Als er am ersten Happen kaut, ...: Temporalsatz (gleichzeitig) – ... weil das Aas unseren Kanarienvogel gefressen hat: Kausalsatz
c ..., nachdem sie unzählige Paar Schuhe anprobiert hat, ...: Temporalsatz (vorzeitig) – ..., als Sie hereinkamen: Temporalsatz (gleichzeitig)

6 wo es noch viele Arten von Schlangen gibt: Lokalsatz
Als ihr siebenjähriger Sohn nachts plötzlich laut schrie, ...: Temporalsatz (gleichzeitig)
sodass höchste Lebensgefahr bestand: Konsekutivsatz
damit es seine Beute freigab: Finalsatz
Obwohl die Schlange den Jungen fest umklammert hatte: Konzessivsatz
weil er einen Schock erlitten hatte: Kausalsatz
wenn seine Eltern nicht so beherzt gehandelt hätten: Konditionalsatz
indem sie nachts alle Türen und Fenster fest verschlossen: Modalsatz

7 aus Australien: lokales Adverbiale – noch: temporales A. – nachts: temporales A. – plötzlich: temporales A. – laut: modales A. – sofort: temporales A. – ins Kinderzimmer: lokales A. – mit Haumessern: modales A. – fest: modales A. – dann: temporales A. – doch: konzessives A. – ins Krankenhaus: lokales A. – bestimmt: modales A. – beherzt: modales A. – nach diesem ... Vorfall: temporales A. – nachts: temporales A. – fest: modales A.

2.10.3 Infinitivgruppen/satzwertige Infinitive in der Rolle von Satzgliedern

S. 85 1 **a** ..., einen Ausflug an die See zu machen.
b Unser Ziel ohne Verkehrsstau zu erreichen ist uns wichtig.
c ..., ohne uns zu verspäten.
d ..., eine Raststätte zu besuchen.
e ..., unsere Reise fortzusetzen.

2 **a** Die rechtzeitige Entscheidung: Subjekt
b eine Abreise im Streit: Akkusativobjekt
c um Abgabe des Krankenscheins: Präpositionalobjekt
d der Ausstattung des Schulhofes mit Bänken: Dativobjekt
e ohne langes Zögern: Adverbiale

2.10.4 Partizipgruppen/satzwertige Partizipien in der Rolle von Satzgliedern

S. 86 1 **a** Den Regen abwartend hatten ...
b Der Busfahrer fuhr, uns nicht sehend, an der ...
c Gerade aufgestanden stellt Heike ...
d Den Lärm hörend protestieren ...
e Er versuchte(,) laut schreiend, das Tier ...
f Ziemlich unausgeschlafen begann Franz ...

2 Nicht möglich bei **a**, **d** und **f**, da Haupt- und Gliedsatz unterschiedliche Subjekte haben.
b Den Hafen verlassend zog das Schiff ...
c Genau informiert schrieb der Reporter ...
e Völlig durchnässt lachten sie immer noch.

3 Als er völlig entnervt war, betrachtete ... Nachdem er ihn kaum angelassen hatte, hustete und ... Sollte er wirklich, indem er vor der Technik resignierte, seinen geliebten ... Er rief, weil er einen letzten Versuch wagen wollte, seinen ... Tim sagte spitz, während er hinter seiner Nickelbrille blinzelte: ... **S. 87**

2.10.5 Abhängigkeit der Nebensätze im Satzgefüge

1 einander nebengeordnet (1. Grades) einander untergeordnet (1. + 2. Grades) **S. 88**

a Schüler, die aus vornehmen Elternhäusern kommen und die eine der Eliteschulen in Paris besuchen, sollten kürzlich einen Aufsatz zum Thema „Wie es wäre, wenn ich einmal Generaldirektor bin?“ schreiben.

b Der Schüler René Brossard blätterte gelangweilt in einer Zeitung, während die anderen eifrig schrieben oder während sie sich zumindest um einen originellen Text bemühten.

c Schließlich riss dem Lehrer der Geduldsfaden, nachdem er sich eine ganze Zeit lang den Schüler betrachtet hatte, der ihn offensichtlich provozieren wollte.

d „Warum schreiben Sie nicht?“, fuhr er ihn an. „Ich warte darauf, dass meine Sekretärin kommt und dass sie den Text aufnimmt“, war die Antwort.

2 **a** Die Reise wird erfolgreich, wenn die Teilnehmer sorgfältig ausgewählt werden und wenn die Vorbereitungen rechtzeitig abgeschlossen sind.

b Obwohl du mir mehrfach geschrieben hast, worüber ich mich sehr gefreut habe, konnte ich deine Einladung bisher nicht annehmen.

c Unser Kater fängt keine Mäuse mehr, seitdem er bei meiner Tante lebt und er dort gut gefüttert wird.

d Wenn du das Fahrrad verkaufst, das du zum Geburtstag geschenkt bekommen hast und für das dein Onkel viel Geld ausgegeben hat, wirst du erfahren, dass seine Geschenke künftig nicht mehr so großzügig ausfallen werden, da du sie offenbar nicht zu schätzen weißt.

Grammatikpuzzle

S. 89 1 **a** wir – **b** sind – **c** leicht – **d** bereit – **e** uns – **f** selbst – **g** zu – **h** tadeln – **i** unter der Bedingung – **j** dass niemand zustimmt
Wir sind leicht bereit, uns selbst zu tadeln, unter der Bedingung, dass niemand zustimmt.

S. 90 2 Wenn dein Partner die Lösungssätze bereits vorher im Übungsbuch gelesen hat, solltest du die Reihenfolge der zu „versteckenden“ Satzteile verändern, um die Aufgabe nicht zu leicht zu machen.

2.11 Die verbale Klammer

S. 90 1

trennbare Verben:	Er reist heute ab.
Verbgefüge (Modalverb + Infinitiv):	Er will heute kommen.
mehrteilige Tempusformen:	
Perfekt	Ich bin dir gefolgt.
Plusquamperfekt	Ich hatte es dir gesagt.
Futur I	Ich werde alles aufklären.
Futur II	Du wirst es bald geschafft haben.
Passiv:	
Vorgangspassiv	Das Haus wird jetzt gebaut.
Zustandspassiv	Der Keller ist schon ausgeschachtet.
zweiteilige Formen des Konjunktivs:	Ich wäre gern gekommen.
	Ich würde den Rat befolgen.

2 **a** werden ... zugeben – **b** möchte ... werden – **c** hätte ... gekostet –
d würde ... wiedersehen – **e** zog ... auf – **f** wird ... gelassen – **g** ist ... getauft worden

4 Verbale Klammern

S. 91 Als die Zeit des Menschen vorbei war, wurden alle Tiere, die ihm gedient hatten, vor ein Gericht zitiert. „Ich habe ihn mit Hufen geschlagen, sooft ich nur konnte“, sagte das Pferd. „Ich habe ihn immer gebissen“, sagte der Hund. „Ich habe ihm lediglich den Stall schmutzig gemacht“, sagte die Kuh. Schließlich blieb nur noch das Heimchen übrig. „Und du?“, fragte der Löwe, der den Vorsitz führte. „Ich habe an seinem Herde gesungen.“ – „Schuldig!“, schrien die Tiere.

2.11.1 Die Leistung der Umklammerung

1 **a** Er ging, ohne sich umzusehen, weg (fort / zurück / nach Hause). **S. 91**
b Ich habe den Brief, den ich gestern bekommen habe, sofort gelesen (zerrissen / zurückgeschickt / versteckt / vernichtet).
c Ulla konnte das Buch, das Onkel Hans ihr geschenkt hatte, einfach nicht ausstehen (finden / verschenken / gern haben / verstehen).
d Während der Klassenfahrt hätten Michael und Stefan gerne einmal, ohne dass es die anderen bemerkten, ihren Lehrer gesprochen (geärgert / gelobt).

2 Das Fernsehen konnte die Übertragung des Länderspiels nicht abbrechen. Der Spielverlauf war durch die rücksichtslose Härte der beiden Mannschaften gekennzeichnet. Auch die uneindeutigen Schiedsrichterentscheidungen fielen auf. Sie hätte man in ihrer Richtigkeit durchaus anzweifeln können. Zusätzlich fiel auch noch die Flutlichtanlage aus. Sie war erst vor wenigen Wochen installiert worden und hatte mehrere Millionen Euro gekostet.

2.11.2 Manchmal klammert man auch aus

Verbale Klammer (einfach unterstrichen) — Ausklammerung (doppelt unterstrichen) **S. 92**

1 **a** Du wirst noch viel Erfolg haben mit dieser umsichtigen und sorgfältigen Arbeitsweise.

b Der Tag der gefürchteten Prüfung rückte näher mit unaufhaltsamer Schnelligkeit.

c Sie war gewachsen an der Aufgabe, die ihr Chef ihr ohne Vorbehalte übertragen hatte.

d Sie konnten sich nur schweren Herzens von dieser Stadt trennen, die ihnen während so vieler Jahre ihres gemeinsamen Lebens vertraut und aufgrund der heiteren Lebensart der in ihr lebenden Menschen lieb geworden war.

2 **a** Mehr als zehn Jahre hatte er in fremden Ländern gelebt (,) ohne Nachricht von zu Hause.

b Sie war schließlich mit diesen Vertragsbedingungen einverstanden, die er ihr in allen Einzelheiten mit großer Geduld erklärt hatte.

c Nach den häufigen Enttäuschungen konnte er nur noch Verachtung empfinden für diese hochmütige, nur an sich selbst denkende Frau.

d Der Berufsberater hatte die Schüler durch seinen Vortrag restlos überzeugt von der Nützlichkeit und Notwendigkeit einer frühzeitigen Beschäftigung mit der Frage der Berufswahl.

Lösungen der Testaufgaben

S. 8 Test: Wortarten

Substantive	Adjektive	Verben	Artikel und Pronomen
Körperbau	gedrungen	ist	der
Tieres	langen	hat	dieses
Schnauzenteil	ausgezogenen	haust	es
Rüssel	kleinen	gräbt	einen
Kopf	braunen	geht	einem
Augen	großen	stehen	einen
Ohren	kurze	versteht	es
Beine	dicke	aufzuspüren	den
Füßen	plumpen	fangen	es
Schwanz	winzigen	erschrickt	sich
Gebüschen	dichtesten	droht	der
Hecken	hohlen	rollt (zusammen)	es
Bäumen	saftige	aufspürte	seinem
Höhlen	kleine	stieß	es
Nacht	junge		es
Nahrungssuche	schnell		eine
Früchte	geschickt		es
Obst	abwehrbereiten		sich
Wurzeln	stacheligen		einer
Speiseplan	blutig		mancher
Tiere			der
Insekten			dieses
Würmer			seines
Schnecken			sich
Mäuse			seine
Vögel		Lösung: Insekten	
Gefahr		gräbt	
Kugel		es	
Hund		langen	
Tier			
Winterschlafes			
Schnauze		= Igel	

Test: Personalform – Infinitiv – Partizipien S. 12

	Infinitiv	2. Pers. Sing. Präs.	Partizip I	Partizip II
wurde	werden	du wirst	werdend	geworden
empfand	empfinden	du empfindest	empfindend	empfunden
wünschte	wünschen	du wünschst	wünschend	gewünscht
wälzte	wälzen	du wälzt	wälzend	gewälzt
ließ	lassen	du lässt	lassend	gelassen

Test: Zeitenfolge S. 18

a Perfekt: nachgewiesen hat – **b** Plusquamperfekt: entschlossen hatte – **c** Perfekt: gesehen hat – **d** Perfekt: geübt hast – **e** Plusquamperfekt: gefrühstückt hatte – **f** Präsens: sind – **g** Präteritum: gab ... auf – **h** Präteritum: kam – **i** Präsens: kann – **j** Plusquamperfekt: abgeschickt hatte

Test: Tempus S. 21

1 war ... zusammengebrochen: Plusquamperfekt – starrte: Präteritum – heißt: Präsens – hat bestimmt: Perfekt – vertilgt: Präsens – zuckten: Präteritum – sagt: Präsens – verstoßen werden: Futur I

2/3 **a** Präsens; gärte (gären) – **b** Präteritum; hatte gebacken (backen) – **c** Präsens; nahm (nehmen) – **d** Plusquamperfekt; werden erschrecken (erschrecken) – **e** Präteritum; hat sich geschwungen/ist davongestoben (schwingen/davonstieben) – **f** Präsens; winkten/sahen (winken/sehen) – **g** Präteritum; gibt/trügt (geben/trügen) – **h** Präsens; flocht (flechten) – **i** Präsens; hatte ... bewogen (bewegen) – **j** Futur I; barg (bergen) – **k** Perfekt; wirst ... erhalten haben (erhalten)

Test: Aktiv – Passiv S. 24

Aktiv: gestalten – benötigt – braucht – dient – hängen ... auf – lassen (... erscheinen, sprechen und spielen = Infinitive) – dürfen
Vorgangspassiv: werden ... aufgezeichnet – werden ... ausgeschnitten – wird ... befestigt – wird ... gezeichnet – (wird) ... ausgeschnitten – wird ... befestigt – wird ... aufgestellt – gesehen werden
Zustandspassiv: sind ... ausgeschnitten – ist abgedunkelt

Test: Indikativ – Konjunktiv S. 28

solle (I) – beschäftigten (II) – täten (II) – gedacht sei (I) – vermitteln sollten (II) – werde (I) – könne (I) – sei (I) – buchten (II) – erleben wollten (II) – würden (II)

S. 32 Test: Das Substantiv/Nomen

Konkreta: **a** Schwester – **b** Fahrrad, Reifen – **c** Café, Haus, Abhang, Festung, Tal – **d** Umwelt
Abstrakta: **a** Neid, Deutschkenntnisse – **d** Energien
Lösungswort: FREUNDSCHAFT

S. 35 Test: Artikel und Pronomen

Artikel Pronomen

Ulla begegnet auf der Straße ihrem (Possessivpr.) jüngeren Bruder Max. Er (Personalpr.) hält in jeder (Indefinitpr.) Hand eine Eistüte und leckt eifrig. „Wie kommst du (Personalpr.) denn gleich an zwei Portionen Eis?“, will die Schwester wissen. „Die (Demonstrativpr.) sind ein Geschenk der Verkäuferin im Supermarkt“, sagt Max. „Das (Demonstrativpr.) musst du (Personalpr.) mir (Personalpr.) aber genauer erklären“, meint Ulla. „Ja, es (Personalpr.) war so: Ich (Personalpr.) habe mir (Reflexivpr.) diese (Demonstrativpr.) beiden Tüten aus der Truhe neben der Kasse genommen, und weil ich (Personalpr.) keine (Indefinitpr.) Hand frei hatte, habe ich (Personalpr.) zu der Kassiererin gesagt: Das Geld ist in meiner (Possessivpr.) linken Hosentasche, aber passen Sie (Personalpr.) bitte auf, dass Sie (Personalpr.) mir (Personalpr.) nicht meine (Possessivpr.) Frösche zerdrücken.“

S. 36 Test: Der Numerus des Substantivs/Nomens

Plural: Entenküken – Wasservögel – Küken – Leute – Mitarbeiter – Geschwister – Schaulustige
Singular: Not – Hannover – Wochenende – Entenfamilie – Not – Verkehr – Regen – Marktplatz – Gully – Alarm – Stadt – Gefängnis – Anzahl – Rettung – Familie – Ausflug

S. 38 Test: Das Genus des Substantivs/Nomens

2 die Wespe – das Paar/Ehepaar – der Gast – die Person – der Gläubiger

Test: Deklination S. 42

a manchen Sonnenanbeter: Akkusativ – **b** den Kakao: Akkusativ – **c** einem Resteverwerter: Dativ – **d** jenes Hellsehers: Genitiv – **e** dem Häuschen: Dativ – **f** jeder Gewichtheber: Nominativ – **g** Einem Schwarzseher: Dativ – **h** diesen Behälter: Akkusativ

Test: Das Adjektiv S.44

Positiv	Komparativ	Superlativ
duftig	duftiger	am duftigsten
empfehlenswert	empfehlenswerter	am empfehlenswertesten
leicht	leichter	am leichtesten
frisch	frischer	am frischsten
haarverstärkend	haarverstärkender	am haarverstärkendsten
verflüssigt	–	–
speziell	spezieller	am speziellsten
neu	neuer	am neuesten
reich	reicher	am reichsten
ergiebig	ergiebiger	am ergiebigsten
außergewöhnlich	außergewöhnlicher	am außergewöhnlichsten
faszinierend	faszinierender	am faszinierendsten
viel	mehr	am meisten
elastisch	elastischer	am elastischsten
fein	feiner	am feinsten
mild	milder	am mildesten
kraftlos	kraftloser	am kraftlosesten

Test: Die Unflektierbaren S. 45

mit – oder – nicht – dabei – um – zu(m) – in – statt – zu(r) – wegen – zu – damals – zu – wie – gestern – ganz – anders – auf – aber – durch – und – in

Zusammenfassender Test: Die Wortarten

```
Verben      Substantive/Nomen     Adjektive      Artikel und Pronomen
••••••••    ============          --------------  ____________________

Unflektierbare
+++++++++++

1 Als der König der Tiere neu gewählt werden sollte, sah es so aus, als würde diesmal der
  +++—— ====—— ===------••••••••• ••••••••• •••••• ••••• — ++ +++ +++ ••••••• ++++++ ——

  Tiger gewinnen. Da versprach der Löwe großzügig seinen Untertanen noch reichere Beu-
  === ••••••••••• ++ •••••••••• —— === ------------- ——— ======= ++++ ---------- ===

  te und für jeden größere Anteile davon, schönere Wohnungen und bessere Schulen. Das
  = +++ ++ ——— ---------- ====+++++++ ----------- ======== +++ ---------- ====== ——

  gefiel allen – sie wählten ihn wieder.
  •••••• ——  — ••••••••• —— ++++++
```

Aber als die Versprechungen nicht eingehalten wurden, erinnerten unerschrockene Un-
++++ ++ —— ========== ++++ •••••••••••••• ••••••••• •••••••••••• --------------------- ==

tertanen Seine Majestät eindringlich. „Unmögliches kann ich auch nicht halten", mein-
===== —— ====== ---------------- ======== ••••• —— ++++ ++++ ••••••• •••••••

te der Löwe. „Das müsst ihr verstehen."
••• — ==== —— ••••••• — ••••••••••••

Nach einigem Nachdenken gelang das auch vielen – und sie huldigten weiter ihrem er-
++++ ———— ======== •••••••• — +++++ ——— +++ —— ••••••••••• --------- ——— --

habenen Herrscher.
------------ ======

2 Anteile – Versprechungen – Unmögliches – Nachdenken

3 Demonstrativpronomen

4 der Löwe (der Tiger / wer?): Nominativ
seinen Untertanen (seinem Untertan / wem?): Dativ
Beute (den Gewinn / wen oder was?): Akkusativ
Anteile (den Anteil / wen oder was?): Akkusativ
Wohnungen (einen Palast / wen oder was?): Akkusativ
Schulen (den Unterricht / wen oder was?): Akkusativ

5 **Präteritum:** sah ... aus – versprach

6 als würde diesmal der Tiger gewinnen: Ausdruck der Möglichkeit

7 **Partizipien II:** gewählt – eingehalten
Infinitive: werden – gewinnen – halten – verstehen

8 Als der König der Tiere gewählt werden sollte: Vorgangspassiv (täterlos)
Aber als die Versprechungen nicht eingehalten wurden: Vorgangspassiv (täterlos)

9 Unmögliches könne er auch nicht halten, meinte der Löwe. Das müssten sie verstehen.

10 **Positiv:** neu (neuer, am neuesten) – großzügig (großzügiger, am großzügigsten) – unerschrocken (unerschrockener, am unerschrockensten) – eindringlich (eindringlicher, am eindringlichsten) – erhaben (erhabener, am erhabensten)
Komparativ: reichere (reich, am reichsten) – größere (groß, am größten) – schönere (schön, am schönsten) – bessere (gut, am besten)

S. 50 Test: Satzglieder

1 **a** In einem Zug | sitzt | eine ältere Dame | einem jungen Mann | gegenüber. | Er | kaut | unentwegt | Kaugummi. | Schließlich | fasst | die ältere Dame | Mut | (und) sie | sagt: | „Es | ist | völlig zwecklos, | (dass) Sie | auf mich | einreden, | ich | bin | schwerhörig!" |

b Um Mitternacht | trifft | Otto | auf dem Friedhof | ein Skelett. | Unter dem Arm | trägt | es | einen Grabstein. | „(Und) was | machen | Sie | damit?“, | fragt | Otto. | – „Ohne Papiere | komme | ich | hier | schließlich | nicht | heraus.“ |

2 Das neue Haarwuchsmittel | wirkt | wirklich. | Gestern | fiel | ein Tropfen | auf meinen Bleistift, | heute | benutze | ich | ihn | als Zahnbürste.

Test: Das Prädikat S. 53

a wurden vermisst – wusste – mitgenommen hatten – konnten geben – wurde überstrahlt – erklärten sich (bereit) – nahmen hin – entdeckt werden konnten – war – geortet hatte – wurden geborgen

b hat beschafft – sind ausgerüstet – entdeckt – verständigt – setzt sich – haben hingenommen – hat bekommen – will belangen

Test: Das Subjekt S. 56

1/2 a mit großer Begeisterung alte Fernsehapparate in ihre Bestandteile zerlegen: der Bruder seines besten Freundes / Wer zerlegt ...?
b das vor Wochen ausgeliehene Buch schließlich seiner alten Tante ohne jede Entschuldigung zurückgeben: der Neffe / Wer gab ... zurück?
c nach Beendigung dieser Arbeit die Ferien in vollen Zügen genießen: ich / Wer wird ... genießen?
d trotz ihres hohen Alters bei vielen Alltagsproblemen immer einen guten Rat wissen: seine Großmutter / Wer wusste ... einen guten Rat?
e diese alte Schrottmühle mit gutem Gewissen niemandem mehr zum Kauf anbieten können: er / Wer kann ... anbieten?
f nach meinen Informationen im Herbst nächsten Jahres über einen Videorekorder verfügen: die meisten deutschen Haushalte / Wer oder was wird ... verfügen?

Test: Satzglieder S. 70

als besonders wagemutige Helden: Gleichsetzungsakkusativ
ein „Stuntman“: Gleichsetzungsnominativ
auf bestimmte Bereiche: Präpositionalobjekt
artistische Höchstleistungen, wie Sprünge von Dächern und Brücken: Akkusativobjekt
das Herumklettern auf den Tragflächen eines Flugzeugs: Subjekt
sorgfältiger Vorbereitung: Genitivobjekt
dargestellt werden soll: Prädikat
Während der Durchführung des Film-„Unfalls“: temporales Adverbiale
dem trainierten Fahrer: Dativobjekt

S. 73 Test: Das Attribut

Adjektivattribut Genitiv- und Präpositionalattribut Relativ- als Attributsatz

Es war einmal ein geiziger, schlauer Bauer, der seine Knechte vom Morgen bis in die Nacht arbeiten ließ. – ... ein einziges Mal am Tage zu essen. – ..., wovon er ihm aber nicht mehr vorsetzte, als auf einer Mückennase Platz hat. – ... der hungrige Knecht, der gar nichts in seinem Magen verspürte. – ... fragte der listige Bauer ... – ... auf dem weiten Weg zum Feld – ..., welchem sein Magen keine Wahl ließ, ... – ... nach Beendigung deiner Arbeit ... – ... sagte der immer noch hungrige Knecht, ... – ... den ganzen Tag ... – So arbeiteten bei dem geizigen Bauern viele Knechte, von denen aber keiner dieses Leben länger als eine Woche aushielt. – ..., der den Bauern überlistete. – ..., wo ich schlafen kann. – ... der erstaunte Bauer. „Draußen im Stall ... – ..., dass anständige Leute ... – ... auf dem Sofa des Bauern ...

S. 76 Test: Satzverknüpfungen

1 **a** denn – **b** und – **c** sonst/entweder ... oder – **d** aber/(je)doch/allein/nur

2 **a** ..., während ... bemalt. – **b** Obwohl ... Zeit hatte, wurde er ... – **c** ..., weil ... gebrochen hat. – **d** ..., ehe / bevor ... gemacht hast.

S. 80 Test: Gliedsätze in der Rolle von Satzgliedern

a Wer diese Übung fehlerfrei löst: Subjekt (= Derjenige)
b wie die Kirmesbuden aufgebaut wurden: Dativobjekt (= dem Aufbau der Kirmesbuden)
c Als der Mond aufging: Adverbiale (= Bei Mondaufgang)
d dass er die Uhr gestohlen hatte: Genitivobjekt (= des Diebstahls der Uhr)
e dass er eigene Programme erstellen kann: Akkusativobjekt (= das Erstellen eigener Programme)
f dass sie eine Abschlussfahrt nach Wien macht: Präpositionalobjekt (= für eine Abschlussfahrt nach Wien)

Test: Beziehungen zwischen Haupt- und Gliedsatz S. 84

1/2 Als im Winter einmal der Teich zugefroren war, ...: Temporalsatz (gleichzeitig)
Und weil sie solche Angst hatten: Kausalsatz
Wenn wir gerettet werden: Konditionalsatz
... so schön singen, dass man uns nicht von der Nachtigall unterscheiden kann: Konsekutivsatz
obwohl seine Erfüllung ja gar nicht möglich war: Konzessivsatz
Nachdem dann schließlich Tauwetter eingesetzt hatte, ...: Temporalsatz (vorzeitig)
Und damit du auch weißt: Finalsatz

Test: Umklammerung und Ausklammerung S. 93

Verbale Klammer ______ Ausklammerung ======

machten ... aufmerksam.

malten ... an, gemeinsam mit ihren Klassenlehrern und einigen Eltern.

versuchten ... herauszufinden.

konnten ... informieren über den Unterricht, das Raumangebot, das Verhältnis zwischen Lehrern und Schülern.

Zusammenfassender Test: Die Satzlehre

1 Subjekt – **2** Akkusativobjekt – **3** temporal – **4** zusammengezogener Satz – **5** läuft – **6** Ersatzprobe – **7** Hauptsatz – **8** Relativsatz – **9** Ergänzung
Lösungswort: Satzlehre

Zusammenfassender Test: „Quer durch die Grammatik“

Der Löwe und der Tiger: Subjekt
tierliebender: Komparativ
sei: Konjunktiv
wollte: Modalverb
machte: Präteritum
hatte ... ausgedacht: Plusquamperfekt
das Maul: Akkusativobjekt
gerissen: Partizip
was der Esel sich gedacht hatte: Gliedsatz
Lösungswort: Grammatik

Inhalt

Hinweise zur Benutzung

Mit „Grundkurs Grammatik“ kannst du selbstständig dein grammatisches Wissen erweitern, überprüfen und festigen. Dies wird dir am besten gelingen, wenn du die folgenden Hinweise beachtest.

So ist „Grundkurs Grammatik“ aufgebaut

Das **Inhaltsverzeichnis** zeigt dir, dass dieses Übungsbuch aus zwei großen Kapiteln – „Wortarten“ und „Satzlehre“ – besteht. Sie enthalten jeweils mehrere Teilkapitel.

Jedes **Teilkapitel** behandelt ein bestimmtes grammatisches Problem und setzt sich zusammen aus:

1. Erklärung und Merktext,
2. Übungsaufgaben,
3. Test.

Am Schluss jedes der beiden großen Kapitel findest du einen **zusammenfassenden Test**, am Ende des zweiten Kapitels einen zusammenfassenden Test zu den wichtigsten Teilkapiteln.

An das Kapitel „Satzlehre“ schließt sich eine Zusammenfassung der wichtigsten „Regeln zur Zeichensetzung“ an.

Das Zeichen ♦ verweist auf **Schreibtipps**.

Das **Stichwortverzeichnis** Seite 101 ff. hilft dir, grammatische Begriffe schnell nachzuschlagen oder entsprechende Übungsaufgaben zu finden. (Das Stichwortverzeichnis enthält zur leichteren Orientierung sowohl die lateinischen als auch die deutschen Bezeichnungen.)

Mit Hilfe des eingelegten **Lösungsheftes** kannst du die Ergebnisse deiner Arbeit überprüfen.

So benutzt du „Grundkurs Grammatik“

1. Möglichkeit: Das Teilkapitel ist für dich neu.

Schritt I:	Lies Erklärung und Merktext durch.	
Schritt II:	Löse die Übungsaufgaben. Kontrolliere mit dem Lösungsheft.	
Schritt III:	Löse die Testaufgaben. Kontrolliere mit dem Lösungsheft.	
	Alles richtig? –	Du kannst das nächste Kapitel bearbeiten.
	Fehler? –	Beginne noch einmal bei Schritt I und löse bei Schritt II nur die farbig gekennzeichneten Aufgaben.

2. Möglichkeit: Du möchtest ein bestimmtes Teilkapitel wiederholen.

Schritt I:	Löse die Testaufgabe(n). Kontrolliere mit dem Lösungsheft.	
Schritt II:	**Alles richtig? –**	Du beherrschst dieses Teilkapitel sicher.
	Fehler? –	Bei wenigen Fehlern: Lies dir Erklärung und Merktext des Teilkapitels durch. Löse die farbig gekennzeichneten Aufgaben. Bei mehreren Fehlern: Arbeite das ganze Teilkapitel noch einmal durch.
Schritt III:		Kontrolliere deine Lösungen. Löse die Testaufgabe(n) noch einmal.

3. Möglichkeit: Du möchtest wissen, welches Teilkapitel du wiederholen solltest.

Schritt I:	Löse die Aufgaben der drei „großen“ Tests auf den Seiten 45 f., 94 und 95. Kontrolliere mit dem Lösungsheft.	
Schritt II:	**Alles richtig? –**	Du bist ein perfekter Grammatikkenner!
	Fehler? –	Schlage die bei der fehlerhaft gelösten Aufgabe angegebene Seitenzahl auf und wiederhole wie unter der 2. Möglichkeit (s. o.) beschrieben.

1 Wortarten

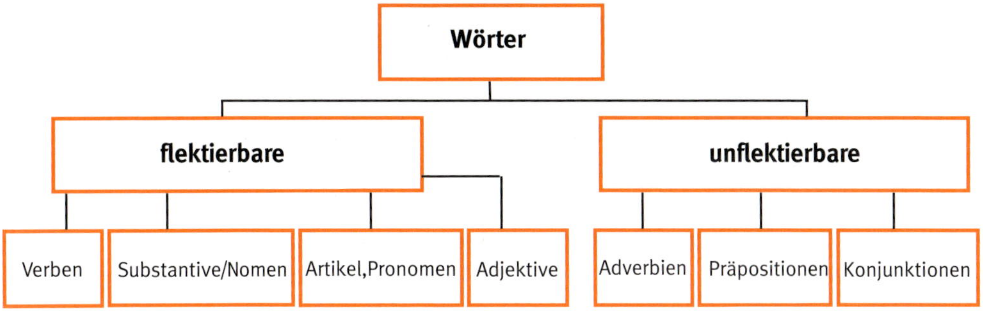

Alle Wörter unserer Sprache kann man in zwei große Gruppen und jede dieser Gruppen in Wortarten einteilen:

1. Gruppe Wörter, deren Form verändert werden kann: **Flektierbare**	**2. Gruppe** Wörter, deren Form nicht verändert werden kann: **Unflektierbare**
laufen, wachsen, wohnen *Häuser, Fahrrad, Zeit* *der, die, das, ein, eine* *ich, wir, mein, deine, welche, manche* *jung, dick, grün, fünf*	*morgens, bald, dort* *auf, hinter, unter* *und, weil, obwohl*

Dies sind die Wortarten der ersten Gruppe:

Verben sagen, was man tut, was geschieht, was ist.
Substantive/Nomen sind Bezeichnungen von Dingen, Tieren, Pflanzen, Menschen oder von dem, was man denken, sich vorstellen oder fühlen kann.
Artikel und Pronomen begleiten Substantive oder werden als deren Stellvertreter gebraucht.
Adjektive bezeichnen, wie jemand oder etwas aussieht oder beschaffen ist, in welcher Anzahl oder Reihenfolge etwas vorhanden ist.

Zur zweiten Gruppe gehören folgende Wortarten:

Adverbien geben die genaueren Umstände eines Geschehens an.
Präpositionen kennzeichnen bestimmte Verhältnisse oder Beziehungen.
Konjunktionen verbinden Wörter, Wortgruppen oder Sätze.

1 Schreibe den folgenden Text ab; unterstreiche Substantive/Nomen, Verben, Adjektive sowie Artikel und Pronomen mit Farbstift, Wörter, die zur zweiten Gruppe gehören, mit Bleistift:
Über mehrere Wochen schon hält ein junges Rotkehlchen als „Hausbesetzer" Polizei, Feuerwehr und Kammerjäger in Bewegung. Alle Versuche, den Vogel aus einem großen Kaufhaus herauszulocken, blieben ohne Erfolg. Besonders ärgerlich ist dies für die Polizei, da das Rotkehlchen bereits mehrfach die Alarmanlage in Gang setzte und die Ordnungshüter aus Vorsicht jedes Mal ausrückten.

2 Zu welcher Gruppe gehören die meisten Wörter dieser Kleinanzeigen?

a *Linksrheinische Stadtrandlage, Erftkreisgebiet, Vorgebirgsraum, Einfamilienhäuser für vorgemerkte, kapitalkräftige Interessenten eilgesucht! Verkäufer provisionsfrei! Immobilien [...]*

b *Kurse in Türnich, Motorboot Binnen/Segelschein A, Mi. 2. Febr., 18.15, Barbaraschule [...]*

c *Bäume fällen, einschließlich Abtransport. Ruf [...]*

d *Witwe, 43/160, gut aussehend, aufgeschlossen, tierlieb und reiselustig, sucht aufrichtigen, netten Partner für gemeinsames Leben. Zuschriften unter [...]*

3 Untersuche in gleicher Weise Schlagzeilen in Zeitungen.

Test: Wortarten

1 Ordne aus diesem Text die Substantive/Nomen (32), Adjektive (20), Verben (14) sowie die Artikel und Pronomen (25) in eine Tabelle. Beachte: Diese Wörter müssen flektierbar sein, d. h., du musst von ihnen andere Formen bilden können.
Der Körperbau dieses Tieres ist gedrungen. Es hat einen nicht sehr langen, am Schnauzenteil zu einem Rüssel ausgezogenen Kopf mit kleinen, braunen Augen und großen Ohren, kurze und dicke Beine mit plumpen Füßen und einen winzigen Schwanz. Es haust in den dichtesten Gebüschen, unter Hecken und in hohlen Bäumen, manchmal gräbt es sich auch selbst Höhlen. In der Nacht geht es auf Nahrungssuche. Früchte, Obst und saftige Wurzeln stehen auf seinem Speiseplan. Kleine Tiere, wie Insekten, Würmer, Schnecken, Mäuse und junge Vögel, versteht es schnell aufzuspüren und geschickt zu fangen.
Wenn es erschrickt oder eine Gefahr droht, rollt es sich zu einer abwehrbereiten, stacheligen Kugel zusammen. Mancher Hund, der dieses Tier während seines Winterschlafes aufspürte, stieß sich schon seine Schnauze blutig.

2 Weißt du, von welchem Tier der Text handelt? Schreibe folgende Wörter deiner Tabelle untereinander auf; an den ersten Buchstaben kannst du die Lösung von oben nach unten ablesen:
das 22. Substantiv, das 4. Verb, das 3. Wort aus der 4. Spalte, das 2. Adjektiv

Die Flektierbaren

1.1 Das Verb

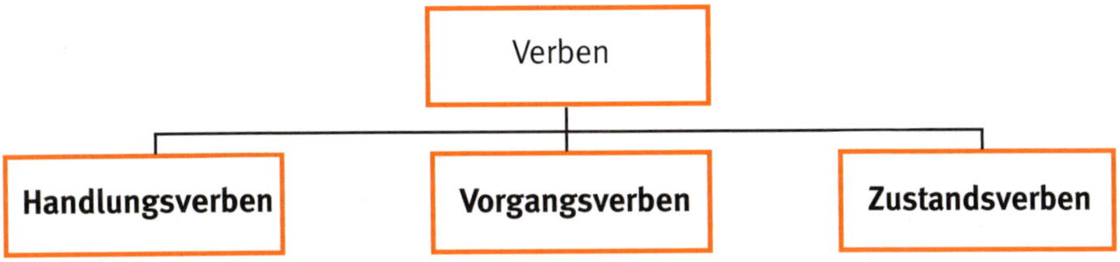

Die Verben können wir in drei Gruppen einteilen:

Der Reporter berichtet.	Eine Handlung (Tätigkeit) wird bezeichnet: **Handlungsverb**
Alle Blumen verblühen.	Ein Vorgang, bei dem etwas geschieht, wird bezeichnet: **Vorgangsverb**
Die Schuhe passen.	Ein Zustand wird bezeichnet: **Zustandsverb**

Solche Verben heißen **Vollverben**.

1 Ordne diese Verben:
kämpfen – wachsen – gehen – bleiben – helfen – leben – spielen – hinfallen – wohnen – liegen – erröten – stehlen – einschlafen – stehen – erfrieren – schreien

Handlungsverben	Vorgangsverben	Zustandsverben
...	...	...

2 Suche für jede Gruppe fünf weitere Beispiele.

1.1.1 Personalform – Infinitiv – Partizipien

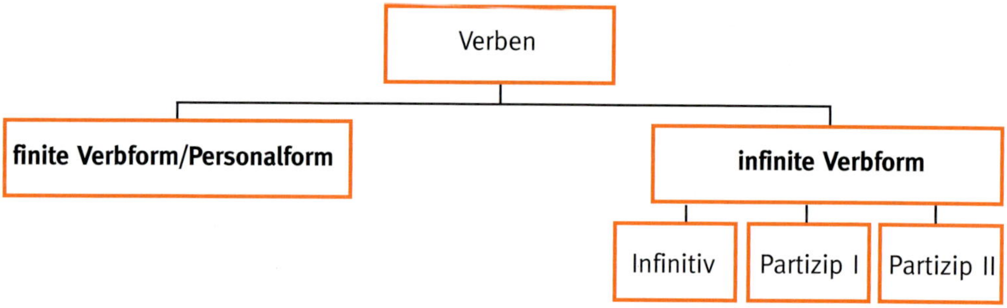

Formveränderungen beim Verb heißen **Konjugation.**

1.1.1.1 Finite Verbformen

Wir unterscheiden drei Gesprächsrollen:

Herr Arnold sagt zu Dackel Willi:
Ich hoffe, du passt gut auf, während sie schwimmen.

Die **finiten Verbformen** oder **Personalformen** zeigen, um welche Gesprächsrolle es sich handelt:

	Man spricht von sich **(1. Person)**:	Man spricht zu anderen **(2. Person)**: vertraulich	höflich	Man spricht von anderen **(3. Person)**:
Singular	*ich schreibe*	*du malst*	*Sie wissen*	*er/sie/es schläft*
Plural	*wir lesen*	*ihr turnt*	*Sie wissen*	*sie kommen*

1 Bilde von drei Verben alle Personalformen.

2 Erfinde eine kleine (Unsinns-)Geschichte, in der du möglichst viele der Personalformen benutzt.

1.1.1.2 Infinite Verbformen

Im Gegensatz zu den finiten Verbformen lassen die **infiniten Verbformen** keine Gesprächsrolle erkennen. Es gibt:

den **Infinitiv** (Grundform):	*singen – malen – verkaufen*
das **Partizip I** (Verlaufsform):	*singend – malend – verkaufend*
das **Partizip II** (Vollzugsform):	*gesungen – gemalt – verkauft*

Manchmal kannst du erst durch eine Ersatzprobe feststellen, ob es sich um einen Infinitiv oder eine Personalform handelt.
Du setzt in den Singular (die Einzahl) und erkennst so den Unterschied:

	Ute und Sonja lesen.	Ute und Sonja können lesen.
Ersatzprobe:	Ute liest.	Ute kann lesen.
	→ Personalform	→ Infinitiv

1 Stelle mit Hilfe einer Ersatzprobe fest, ob die unterstrichenen Verbformen Personalformen oder Infinitive sind:

a *Klaus und Ralf können dribbeln.*
b *Jörg und Micha hören stundenlang Musik.*
c *Werdet ihr mir auch bestimmt schreiben?*
d *Die Blumen werden im Herbst verblühen.*
e *Nicht nur Kinder lieben Gummibärchen.*
f *Ihr solltet mich wieder einmal besuchen!*

2 Wie heißt das Partizip II folgender Verben?
studieren – erraten – verletzen – zerreißen – erkennen – entlaufen – geschehen – erforschen – streiten – rufen – brauchen – formen – turnen – pfeifen – wenden – schreiben

3 Welchen Unterschied in der Bildung der Partizipien kannst du feststellen?

4 Verwende die Partizipien in Sätzen.

5 Suche im folgenden Text alle Personalformen, alle Infinitive und alle Partizipien und ordne sie in einer Tabelle:
Über Bildschirme und Leinwände jagen Supermänner, Alleskönner, Alleswisser, die jede erdenkliche Situation beherrschen. Diese Bilder stimmen nicht – der Zuschauer wird getäuscht. Oft werden Vorgänge gezeigt, die die kriminalistische Alltagspraxis vermissen lassen. Das Buch „Kriminalistik" versucht nun aufzuzeigen, was hinter den Kulissen geschieht. Das kann gewiss nicht erschöpfend dargestellt werden, aber die Texte und die vielen Fotos – teilweise zum ersten Mal veröffentlicht – machen deutlich, was hinter der Alltagspraxis der Kriminalisten steckt, wollen Verständnis wecken für ihre Tätigkeit.

Personalformen (12)	Infinitive (4)	Partizipien (5)
...	...	...

Test: Personalform – Infinitiv – Partizipien

Lege dir in deinem Heft folgende Tabelle an:

	Infinitiv	2. Person Singular Präsens	Partizip I	Partizip II
...	...	...	...	...

Trage in die erste Spalte alle Verben in der Form ein, in der sie im folgenden Text vorkommen.
Ergänze anschließend die fehlenden Verbformen.

En passant ... (Zwischendurch)

Ein Hund, der nass im Regen wurde,
empfand die Nässigkeit als Burde
und wünschte sich ein Taschentuch,
um sich zum mindesten die Nase –
stattdessen wälzte er im Grase
sich, doch mit Misserfolg, da dies
ihm gleichfalls nichts als Nässe ließ.
(Christian Morgenstern)

- Der **Infinitiv** dient oft auch dazu, **Aufforderungen** zu kennzeichnen:
  - strikte Aufforderung: *Aufstehen! Wegtreten!*
  - neutrale Aufforderung (z. B. in einer Gebrauchsanweisung): *Deckel öffnen, Batterien entnehmen*

1.1.2 Das Tempus

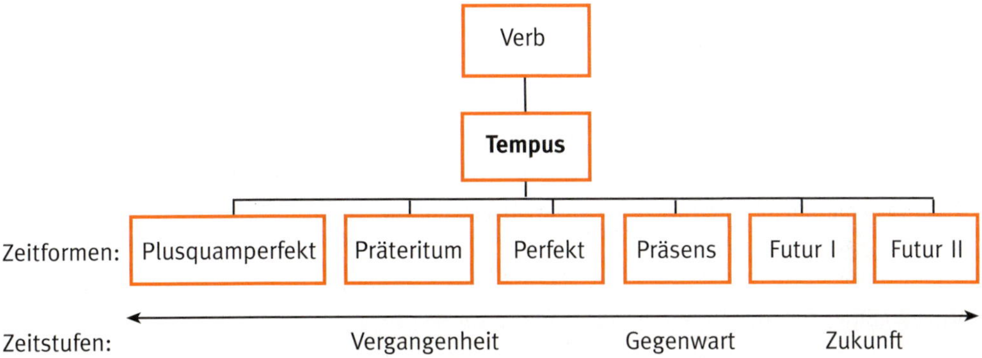

An der Verbform kannst du auch erkennen, wann (zu welcher Zeit) das Mitgeteilte geschehen ist oder gelten soll. Wir unterscheiden sechs **Tempora** (= Zeitformen; Singular: **Tempus**), die es uns ermöglichen, Zeitverhältnisse auszudrücken.

Nachdem Herr Arnold sich nach der Trainingsstunde umgezogen hatte, sagte er zu Dackel Willi: Wenn ich sehe, dass du gut aufgepasst hast, wirst du diese Wurst bekommen. Aber nur, nachdem du meinen Auftrag richtig ausgeführt haben wirst.

1.1.2.1 Das Präsens

Das **Präsens**
- zeigt an, was jetzt geschieht (Gegenwart): *Ein Bus fährt vorbei.*
- stellt dar, was jetzt und immer gilt (allgemeine Zeit): *Hochmut kommt vor dem Fall.*
- bezeichnet oft das, was erst noch sein wird (Zukunft): *Ich besuche dich morgen.*

1 Was drückt das Präsens in den folgenden Beispielen aus? Ordne zu:
- **a** *Morgen ist Sonntag.*
- **b** *Dummheit und Stolz wachsen auf einem Holz.*
- **c** *Ich beobachte, wie die Amseln ein Nest bauen.*
- **d** *Nächste Woche gibt es endlich Ferien.*
- **e** *Lügen haben kurze Beine.*
- **f** *Jetzt schieben sich schwarze Gewitterwolken vor die Sonne.*
- **g** *Wer rastet, der rostet.*

2 Suche selbst Beispiele zu den drei Funktionen des Präsens.

3 In welchem Tempus sind deine Schulbücher geschrieben, z. B. das Erdkundebuch? Erkläre es.

♦ Den Wechsel ins **Präsens** kannst du nutzen, um Spannung zu erzeugen und deine Erzählung lebendiger zu gestalten:
Die Leute schlenderten, die erste Sonne genießend, durch die Straßen. Da zerreißt ein Knall die Mittagsstille und eine schwarze Rauchsäule steigt in den Himmel auf.

1.1.2.2 Das Präteritum

Das **Präteritum**
- zeigt, dass etwas vergangen ist, das keinen direkten Bezug zur Gegenwart hat;
- benutzen wir, um vergangene größere Zusammenhänge zu erzählen:

Es war einmal eine arme Frau, die hatte nichts als ihr kleines Mädchen und wohnte mit ihm in einem kleinen Häuschen an der See.

So wird das Präteritum gebildet:

Veränderung des Stammvokals **(starke/unregelmäßige Verben)**

	Präteritum:
Ich komme.	*Ich kam.*
Sie laufen.	*Sie liefen.*

Einfügen von -t- zwischen Stamm und Endung **(schwache/regelmäßige Verben)**

	Präteritum:
Sie reisen.	*Sie reisten.*
Ich frage.	*Ich fragte.*

1 Im folgenden Text wird im Präteritum erzählt. Schreibe die Verbformen heraus und ergänze sie durch den zugehörigen Infinitiv.
Nach vielen Jahren aber geschah es, dass in der Nähe des Kaps der Guten Hoffnung an Backbord eines dahinsegelnden Schiffes plötzlich ein anderes Schiff auftauchte, mit blutroten Segeln und einem pechschwarzen Rumpf. Dem alten Matrosen, der es als Erster entdeckte, standen die Haare zu Berge und er schrie laut auf: Das Schiff fuhr gegen den Wind.

2 Stelle die Personalformen von Seite 11 im Präteritum zusammen.

3 Bilde Präteritumformen und stelle fest, ob die folgenden Verben zur Gruppe der starken/unregelmäßigen Verben oder zur Gruppe der schwachen/regelmäßigen Verben gehören. Ordne sie in einer Tabelle und ergänze jede Gruppe auf fünfzehn Beispiele.
klingen – stellen – tanzen – schleifen – liegen – lügen – winken – packen – schlafen – reiten

4 In welchem Tempus sind Märchen und Sagen, Abenteuerbücher und Reiseberichte verfasst? Gib jeweils ein kurzes Textbeispiel.

5 Setze die folgenden Verben im Präteritum in die Textlücken ein:
werfen – erweisen – bedrohen – ergeben – lassen
Ein Bankräuber in Mexico City ... Personal und Kunden mit einer vermeintlichen Waffe, die sich hinterher als Spielzeugpistole ... . Ein Bankangestellter ... plötzlich durch Knopfdruck ein Tonband mit einer wilden Schießerei ablaufen. Sofort ... sich der Räuber zu Boden und ... sich.

6 Forme den Text als Inhaltsangabe eines Films um. Beschreibe, was du tun musst.

1.1.2.3 Das Perfekt

Das **Perfekt**
- bezeichnet etwas, das vergangen ist, zu dem der Sprecher jetzt, in der Gegenwart, aber noch eine direkte Beziehung hat:
  „Das Baby ist vor zehn Minuten eingeschlafen." (= jetzt schläft es)
- benutzen wir um über Vergangenes zu berichten:
  Ich bin zum Arzt gegangen und habe ein Rezept bekommen.
- bezeichnet Vergangenes, wenn im Präsens erzählt wird:
  Ich öffne die Tür, weil es geklingelt hat.

- drückt oft zukünftige Sachverhalte aus:
  Im nächsten Jahr habe ich die Schule beendet.

So wird das Perfekt gebildet:

Personalform von *haben/sein* im Präsens + Partizip II (Vollzugsform)

Ich bin gestern viel zu spät nach Hause gekommen.

Er hat den Weg zur Haltestelle gleich gefunden.

Die Verben „haben“ und „sein“ werden hier als **Hilfsverben** gebraucht.

1 Stelle alle Personalformen der Verben „haben“ und „sein“ zusammen, die man beim Perfekt braucht.

2 Bilde Sätze im Perfekt und verbinde die beiden verbalen Teile durch eine Klammer.

1.1.2.4 Das Plusquamperfekt

Das **Plusquamperfekt**
- zeigt, was vor den im Präteritum erzählten, also bereits vergangenen Ereignissen geschehen ist.

Auch das Plusquamperfekt ist zweiteilig:

Personalform von *haben/sein* im Präteritum + Partizip II

Er hatte die ganze Angelegenheit bereits vergessen.

Sie waren den ganzen Tag ohne Pause gelaufen.

1 Stelle alle Personalformen der Hilfsverben „haben“ und „sein“ zusammen, die man zur Bildung des Plusquamperfekts braucht.

2 Schreibe den folgenden Text ab. Stelle fest, welche Verben im Plusquamperfekt stehen, und verbinde die beiden verbalen Teile durch eine Klammer:
Als Glücksbringer befestigte ein Landwirt ein Hufeisen über dem Scheunentor. Nachdem es ihm zum dritten Mal auf den Kopf gefallen war und zuletzt eine Gehirnerschütterung verursacht hatte, entfernte er den zweifelhaften Talisman. Da er jedes Vertrauen in ihn verloren hatte, ersetzte er ihn durch ein vierblättriges Kleeblatt aus Schaumstoff.

1.1.2.5 Perfekt und Plusquamperfekt bezeichnen Vorzeitiges

Ein Sportler sagt in einem Interview:
Ich bin jetzt erfolgreich und gewinne so oft, weil ich immer regelmäßig trainiert habe.
Ute berichtet über die Klassenfahrt:
Nachdem wir schließlich die Jugendherberge wieder erreicht hatten, fielen wir müde in unsere Betten.

Die unterschiedlichen Tempora (Zeitformen) zeigen die Reihenfolge, in der sich verschiedene, aufeinanderbezogene Handlungen ereignen:
Die Handlung, die zuerst geschehen ist, nennt man **vorzeitig**.
Die Vorzeitigkeit wird durch das Perfekt oder das Plusquamperferkt gekennzeichnet, je nachdem, in welchem Tempus erzählt wird.

Tempus, in dem erzählt wird:	Tempus, in dem Ereignisse berichtet werden, die vorher geschehen sind:
Präsens ——➤	**Perfekt**
Inge fährt nach London,	*weil sie genug Geld gespart hat.*
Präteritum ——➤	**Plusquamperfekt**
Klaus löste die Aufgabe,	*nachdem er sie verstanden hatte.*

1 Ermittle in den folgenden Textbeispielen das Tempus, in dem erzählt wird. Erkläre den Gebrauch des Perfekts bzw. des Plusquamperfekts.

a *Ich denke flüchtig daran, dass es in den vierziger Jahren des 19. Jahrhunderts einige Fürsten und Minister gegeben hat, die sich gegen die Einführung einer so gewaltsamen und geschmacklosen Erfindung wie der Eisenbahn heftig gewehrt haben.*

b *Er aber war froh, dass er das Wasser des Lebens erlangt hatte, ging heimwärts und kam wieder an dem Zwerg vorbei.*

c *Wer über mehrere Wochen in der Abgeschiedenheit der Wildnis gelebt hat, gewinnt eine veränderte Einstellung zu den Problemen des Alltags.*

2 Bilde mit den folgenden Angaben Sätze, in denen von zwei aufeinanderfolgenden Handlungen berichtet wird. Überlege dabei, welche Handlung zunächst abgeschlossen sein muss. Wähle für die dann folgende Handlung zuerst das Präsens und anschließend das Präteritum.

a *Graben – mit Beton ausfüllen – ausheben*
Beispiel:
Er füllt den Graben mit Beton aus, wenn er ihn ausgehoben hat.
Nachdem er den Graben ausgehoben hatte, füllte er ihn mit Beton aus.

b *Bretter – zuschneiden – glatt schleifen*
c *Pizza backen – Zutaten einkaufen*
d *Haare – mit dem Föhn trocknen – waschen*
e *am Abend müde sein – den ganzen Tag wandern*
f *mehrere Bewerbungen schreiben – einen Ausbildungsplatz bekommen*

3 Wie gehören diese Satzstücke richtig zusammen?

Ich sehe, ...	*... ist das Unglück schon passiert.*
Wie ich hinsehe, ...	*... dass alle die Aufgabe richtig gelöst hatten.*
Als er endlich ankam, ...	*... dass du die Aufgabe richtig gelöst hast.*
Er stellte fest, ...	*... hatte die Vorstellung bereits begonnen.*

4 Schreibe die Fabel von Seite 33, Aufgabe 2 so auf, dass das Tempus, in dem erzählt wird, das Präsens ist.

Test: Zeitenfolge

1 Schreibe die Sätze ab und setze das im Infinitiv angegebene Verb in der richtigen Tempusform ein.
a *Man bestraft den Angeklagten erst, wenn man ihm seine Schuld ... (nachweisen)*
b *Er kaufte sich sofort eine Flugkarte, nachdem er sich ... (entschließen), seine alte Tante in New York zu besuchen.*
c *Anne geht nicht mit ins Kino, weil sie den Film bereits ... (sehen).*
d *Du kannst diese Aufgabe lösen, wenn du zuvor genug ... (üben).*
e *Nachdem er ... (frühstücken), ging er zur Arbeit.*
f *Wenn Sie diese Creme einen Monat lang benutzt haben, ... (sein) Ihre Hautprobleme wie weggeblasen.*
g *Weil alle Nachforschungen ohne Ergebnis geblieben waren, ... (aufgeben) man die Suche nach dem versunkenen Schiff schließlich ....*
h *Als der Bus dann endlich ... (kommen), hatte er bereits eine halbe Stunde gewartet.*
i *Weil er es nie gelernt hat, ... (können) er keine Noten lesen.*
j *Obwohl seine Schwester schon vor Monaten mehrere Bewerbungen ... (abschicken), erhielt sie bis heute noch keine Antwort.*

2 Bestimme noch einmal die eingesetzten Tempora. Du hast es richtig gemacht, wenn du je zweimal das Präsens und das Präteritum und je dreimal das Perfekt und das Plusquamperfekt benutzt hast.

1.1.2.6 Das Futur I

Das **Futur I**
- zeigt, was noch sein wird (Zukunft);
- drückt eine Vermutung aus;
- bezeichnet nachdrücklich, was erwartet wird.

Das Futur I wird so gebildet:

Personalform von *werden* im Präsens + Infinitiv (Grundform)

a *Wirst du morgen wiederkommen ?*

Ich weiß es noch nicht. Ich werde dich anrufen .

b *Du wirst jetzt sofort den Fernseher ausmachen .*

c *Hast du etwas von Michael gehört?*

Nein, er wird wohl in den Ferien arbeiten .

1 Übertrage die Beispiele in dein Heft. Erkläre jeweils, in welcher Funktion das Futur I benutzt wurde.

2 Formuliere selbst Beispiele für diese Möglichkeiten.

3 Welche Möglichkeit benutzt du häufiger: Sagst du „*Ich werde dich morgen anrufen*“ oder „*Ich rufe dich morgen an*“? Welches Tempus benutzen wir häufig, um Zukünftiges auszudrücken?

4 Erkläre, wie in diesem Text das Futur I benutzt wird:
Peter Barnes bekam eine Gasrechnung, obwohl in seinem halb fertigen Haus noch keine Gasleitung und erst recht kein Zähler existierte. Er schrieb den Gaswerken: „Ihre Rechnung kann ich nur als Bitte um eine Spende betrachten. Sie werden verstehen, dass ich dazu keinen Anlass sehe.“

1.1.2.7 Das Futur II

Das **Futur II**
– zeigt ein Geschehen, das in der Zukunft abgeschlossen sein wird;
– drückt eine Vermutung über ein vergangenes Geschehen aus.

Das Futur II wird so gebildet:

Personalform von *werden* + Infinitiv Perfekt (= Partizip II + Infinitiv von *haben* oder *sein*)

a *Es* *wird* *schon nichts* *passiert* *sein*.

b *Bald* *werden* *wir die Prüfung* *geschafft* *haben*.

1 Ordne die Beispielsätze den oben genannten Verwendungsweisen des Futurs II zu.

2 In welcher Funktion wird das Futur II in den folgenden Sätzen benutzt?
a *Sie werden rechtzeitig zu Hause angekommen sein.*
b *Morgen wird sie das Buch ausgelesen haben.*
c *Wirst du deine Hausarbeit bis nächsten Montag abgeschlossen haben?*
d *Sie wird geschlafen haben und wird deshalb das Telefon nicht gehört haben.*
e *Alles spricht dafür, dass nach Ablauf der nächsten drei Tage die Überschwemmung zurückgegangen sein wird.*
f *Bis heute Abend wird eine Entscheidung gefallen sein.*

3 Welche Formulierung ist üblicher: „*Bald werden wir es geschafft haben*“ oder „*Bald haben wir es geschafft*“? Welches Tempus benutzen wir in der Regel in diesen Fällen, um Zukünftiges auszudrücken?

4 Welche Beispielsätze kannst du ebenfalls in dieser Weise umformen? Worauf musst du achten?

5 Wie kannst du die übrigen Beispielsätze umformen? Was ist bei dieser Umformung wichtig?

1.1.2.8 Zeitformen (Tempora) und Zeitstufen im Überblick

Die folgende Tabelle zeigt dir, mit welchen Zeitformen du die verschiedenen Zeitstufen ausdrücken kannst:

Zeitstufe	**Zeitform (Tempus)**					
	Präsens	Präteritum	Perfekt	Plusquamperfekt	Futur I	Futur II
Gegenwart	×	–	–	–	×	–
Vergangenheit	×	×	×	×	–	×
Zukunft	×	–	×	–	×	×

1 Ordne jeder Möglichkeit, die mit einem „X" bezeichnet ist, einen passenden Beispielsatz zu:

a *Nach zehn weiteren Monaten hatte sich der Verein an die Spitze der Landesliga gekämpft.*
b *Du kommst am besten morgen Abend.*
c *Seine Großmutter hat ihm ein kleines Vermögen vererbt.*
d *Ich werde dich bestimmt wiedererkennen.*
e *Nach dem letzten Lauf verließ sie sofort das Stadion.*
f *Ihre Eltern leben in Hamburg.*
g *Sie wird unsere Verabredung vergessen haben.*
h *Ich sitze gestern gemütlich im Sessel und lese, da öffnet sich plötzlich die Tür ...*
i *In zwei Jahren habe ich die Ausbildung abgeschlossen.*
j *Sie wird sicher zu Hause sein.*
k *Morgen werden wir das Schlimmste überstanden haben.*

Test: Tempus

1 Übertrage den Text mit breitem Rand in dein Heft. Schreibe alle Verben heraus und bestimme das Tempus.

Ein Trupp Hyänen hatte sich einer Gazelle an die Fersen geheftet. Die war nach einer wilden Jagd zusammengebrochen und starrte nun entsetzt in die Rachen ihrer Verfolger: „Aber es heißt doch, die Natur hat bestimmt, dass ihr nur Totes vertilgt!" Die Hyänen zuckten die Schulter. „Wer sagt dir, dass wir jetzt gegen diese Regel verstoßen werden?"	*hatte ... geheftet:* Plusquamperfekt

2 Bestimme in jedem der folgenden Sätze das Tempus.

3 Forme dann in die angegebene Tempusform um und schreibe den Infinitiv des Verbs in Klammern dazu.

a *Im Keller gärt in großen Fässern der Wein.* (Präteritum)
b *Eulenspiegel backte Eulen und Meerkatzen statt Brot.* (Plusquamperfekt)
c *Der Briefträger nimmt sich vor beißenden Hunden in Acht.* (Präteritum)
d *In der Nacht hatten sie ungewohnte Geräusche erschreckt.* (Futur I)
e *Der Kurier schwang sich in den Sattel und stob davon.* (Perfekt)
f *Die Zurückbleibenden winken, bis sie den Zug nicht mehr sehen.* (Präteritum)
g *Sie gab sich gerne als Dame von Welt, aber der Schein trog.* (Präsens)
h *Vor seiner Hütte flicht der Indianer kunstvolle Körbchen aus buntem Bast.* (Präteritum)
i *Das Schicksal der Flüchtlinge bewegt ihn dazu, die Hilfsaktion fortzusetzen.* (Plusquamperfekt)
j *Nach wie vor wird die Teilnahme an einer Grönland-Expedition viele Gefahren bergen.* (Präteritum)
k *Morgen um diese Zeit hast du den Brief erhalten.* (Futur II)

1.1.3 Aktiv – Passiv

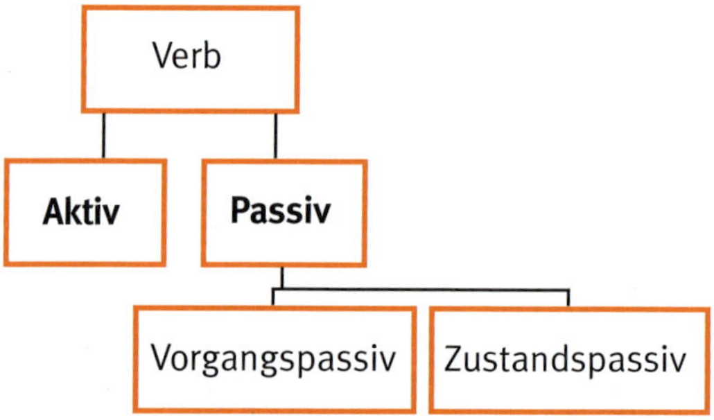

Wir haben in unserer Sprache zwei Möglichkeiten, ein Geschehen (eine Handlung, ein Sein) wiederzugeben:

Paul <u>backt</u> Kuchen.	Das Geschehen wird so dargestellt, dass der Urheber/Täter im Mittelpunkt steht: Das Verb steht im **Aktiv**.
Der Kuchen <u>wird gebacken</u>.	Der Urheber/Täter spielt keine Rolle mehr. Im Mittelpunkt steht jetzt das Geschehen: Das Verb steht im **Passiv**.

Wir unterscheiden:

Der Kuchen wird von Paul gebacken.	Der Täter wird genannt, rückt aber aus dem Bild: **täterabgewandtes Passiv**
Der Kuchen wird gebacken.	Der Täter wird überhaupt nicht genannt: **täterloses Passiv**

Das Passiv wird so als Informationsriegel benutzt: Lesern oder Hörern fällt oft gar nicht auf, dass sie nicht erfahren, von wem die Rede ist.

1 Forme die folgenden Sätze so um, dass der Täter
– aus dem Bild rückt (täterabgewandtes Passiv),
– nicht mehr erscheint (täterloses Passiv).

Beispiel:
Gegen den Bau des Atomkraftwerkes wurde von den Bewohnern des Nachbarortes demonstriert.
Gegen den Bau des Atomkraftwerkes wurde demonstriert.

a *Bei jeder Aufnahme löschen Sie bereits vorhandene Aufnahmen auf dem Band.*
b *Der Archäologe legte die Überreste der Mumie mit einem Pinsel sorgfältig frei.*
c *Ohne dass er es bemerkte, trug der Wind ihn höher und höher.*
d *Touristen mit unzureichender Ausrüstung verursachen jedes Jahr Bergunfälle.*
e *Hast du die Hausaufgaben schon gemacht?*
f *Sie soll nicht denken, ich hätte sie vergessen.*

2 Forme überall da, wo es möglich ist, die Aktiv-Sätze in Passiv-Sätze und die Passiv-Sätze in Aktiv-Sätze um:

HELLENTHAL (dpa). Der deutsche Wildgehege-Verband beklagt eine rapide Zunahme von Tierdiebstählen aus Wildgehegen und zoologischen Gärten. Durch diese Diebstähle werden oft jahrelange Zuchtbemühungen bei bedrohten Arten zunichte gemacht. Die Tiere, hauptsächlich Adler und exotische Vögel, werden zumeist totgeschlagen und als ausgestopfte Trophäen für mehrere tausend Euro von „Naturliebhabern" gekauft.

ERFTSTADT (ra). Im August und September vergangenen Jahres wurden die Erftstädter durch pausenloses Sirenengeheul in Angst und Schrecken versetzt. Ein unbekannter Feuerteufel trieb in Bliesheim und Herrig sein Unwesen. Er zündete in unregelmäßigen Abständen Strohmieten an. Die Täter, ein 16-jähriger Schüler und ein 22-jähriges Mädchen, wurden von der Polizei jetzt ermittelt. Der Sachschaden, den diese „Feuerteufel" anrichteten, wird auf über 400 000 Euro geschätzt.

Wir können das Passiv noch genauer unterscheiden:

Die Dose wird geöffnet. — Das Geschehen ist wichtig:
Vorgangspassiv (Personalform von *werden* + Partizip II)

Die Dose ist geöffnet. — Ein Ergebnis wird mitgeteilt:
Zustandspassiv (Personalform von *sein* + Partizip II)

3 Schreibe den folgenden Text ab und unterstreiche jeweils das Vorgangspassiv blau, das Zustandspassiv rot.

Der Weberknoten wird auch als Kreuz- oder Flachknoten bezeichnet. Beginn des Weberknotens von rechts. Der rechte äußere Knüpffaden wird horizontal über die beiden mittleren Leitfäden gelegt. Daraufhin wird der linke Knüpffaden über den horizontal liegenden rechten Knüpffaden gelegt, unter den beiden mittleren Leitfäden durchgezogen und wieder über den rechten Knüpffaden gegeben. Jetzt ist der halbe Weberknoten fertig gestellt (Skizze a). Der gleiche Vorgang wird von links beginnend wiederholt. Damit ist ein von rechts begonnener Weberknoten geknüpft (Skizze b).

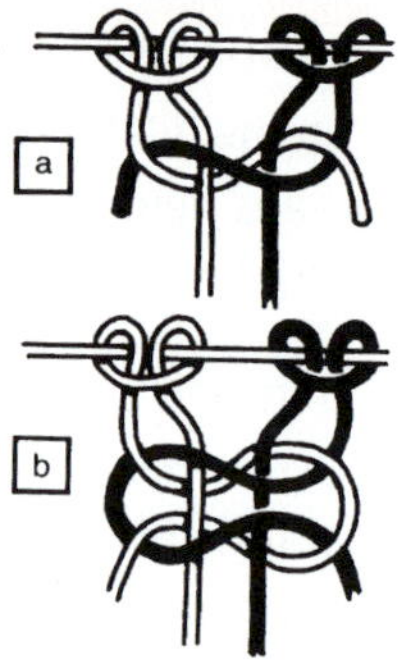

4 Bezeichne genau, welche Sichtweise des Geschehens jeweils vorliegt:

a *Der Besitzer selbst öffnete die Tür.*
b *Nachdem die Ursache der Krankheit erkannt war, wurde der Patient schnell geheilt.*
c *Sie hat keinen Zweifel, dass ihr die Handtasche von einem Fremden gestohlen wurde.*
d *Zweifellos ist diese Tür von den Einbrechern mit einem Nachschlüssel geöffnet worden.*
e *Je länger sie daran arbeitete, umso ausdrucksvoller wurde das Bild.*

Test: Aktiv – Passiv

Ordne die Verbformen aus der folgenden Spielanleitung danach, welche Sichtweise des Geschehens sie ausdrücken. Es kommen vor: Verben im Aktiv (7), im Vorgangspassiv (8), im Zustandspassiv (2).

Wir gestalten eine Fabel als Schattenspiel. Die Tiere werden auf Pappe aufgezeichnet. Anschließend werden sie am besten mit einer spitzen Schere ausgeschnitten. Für ein Schattenspiel benötigt man dasselbe Tier in verschiedenen Stellungen, z. B. einen sitzenden und einen laufenden Fuchs. Sind die Figuren ausgeschnitten, wird an ihrem Fuß ein Griff aus Holz befestigt. Die Landschaft, die man für das Spiel braucht, wird ebenfalls auf Pappe gezeichnet und ausgeschnitten. Als Bühne dient ein umgelegter Tisch. Die Landschaft wird mit Reißzwecken am oberen Tischrand befestigt. Vor dem Tisch hängen wir ein dünnes weißes Tuch auf, hinter dem Tisch wird eine Stehlampe aufgestellt. Wenn der Raum dann abgedunkelt ist, lassen die Spieler, die selbst nicht gesehen werden dürfen, die Figuren über dem Tischrand erscheinen, sprechen und spielen.

- Durch den Einsatz des **Passivs** hast du mehrere Möglichkeiten, deine Texte zu gestalten:
  - Du kannst den Adressaten **im Ungewissen** über den **Täter** lassen:
    Die Fensterscheibe wurde eingeschlagen.
    Die Juwelen sind gestohlen worden.
  - Eine **Aufforderung** kann mit dem Passiv **nachdrücklich** formuliert werden:
    Das Zimmer wird jetzt aufgeräumt!
    Der Rasen wird nicht betreten!
    Jetzt wird erst gegessen!
  - Die **Aufforderung** kann auch **als Anleitung** gemeint sein:
    Zunächst werden die rückwärtigen Schrauben gelöst.

1.1.4 Indikativ – Konjunktiv – Imperativ

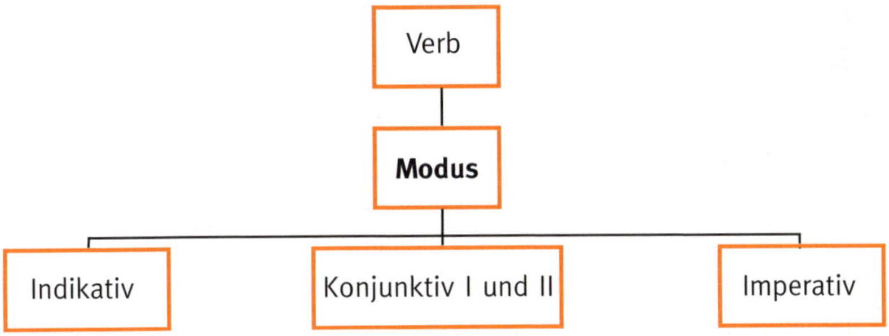

Die Verbform ermöglicht uns auch auszudrücken oder zu erkennen, welche Geltung eine Aussage haben soll (**Modus** = Art und Weise).

Es gibt folgende Möglichkeiten:

So ist es wirklich: **Indikativ**	Man kann es annehmen: **Konjunktiv I**	Man kann es nur wünschen/denken: **Konjunktiv II**	Man fordert jemanden nachdrücklich zu etwas auf: **Imperativ**
ist *hat* *findet* *ist gewesen* *Er ist reich.*	*sei* *habe* *finde* *sei gewesen* *Er behauptete, er sei reich.*	*wäre* *hätte* *fände* *wäre gewesen* *Er wünschte sich, er wäre reich.*	*Lauf!* *Geht weg!* *Lassen Sie das!*

So wird der Konjunktiv gebildet:

> Die Formen des **Konjunktivs I** sind von den Formen des **Präsens** abgeleitet, die des **Konjunktivs II** von den Formen des **Präteritums**:
>
> | | | | | |
> |---|---|---|---|---|
> | Indikativ Präsens: | *sie kommt* | ➤ | Konjunktiv I: | *sie komme* |
> | Indikativ Präteritum: | *wir kamen* | ➤ | Konjunktiv II: | *wir kämen* |
>
> Oft wird der Konjunktiv II durch *würde* + Infinitiv ersetzt:
>
> Wenn ich reich wäre, [würde] ich eine Weltreise [machen].

1.1.4.1 Die Konjunktivformen in der indirekten Rede

Peter und Birgit fehlen in der Schule. Die Lehrerin befragt daraufhin Peters Freund Klaus und Birgits Banknachbarin Petra. Sie antworten:

Peters Mutter hat mich heute Morgen angerufen.
Sie sagte: „Klaus hat Fieber und muss im Bett bleiben." ➤ **wörtliche/direkte Rede**

Birgit sagte mir heute Morgen,
sie habe Halsschmerzen und müsse deshalb zu Hause bleiben. ➤ **indirekte Rede**

> Wenn du eine Information weitergibst, die du von einem anderen bekommen hast, benutzt du für diese Form der berichteten Rede, **indirekte Rede** genannt, in der Regel den **Konjunktiv I**:
> *Auf dem Mond, erklärte der Wissenschaftler, gebe es kein Leben.*
> *Ich habe gehört, er sei krank.*
>
> Wenn die Formen des Konjunktivs I von den Indikativformen nicht zu unterscheiden sind, benutzt du für die indirekte Rede die Formen des **Konjunktivs II:**
> Also nicht: *Sie sagten, sie haben ihm geholfen.*
> sondern: *Sie sagten, sie hätten ihm geholfen.*

(Die Regeln zur Zeichensetzung bei wörtlicher/direkter und indirekter Rede findest du auf Seite 96.)

1 Setze jeweils die richtige Form ein:

a *Ich sagte, ich ... das Buch nicht entbehren. (können)*

b *Sie sagten, sie ... darauf nicht verzichten. (können)*

c *Bis morgen, versicherte die Lehrerin, ... sie alle Arbeiten korrigiert. (haben)*

d *Die Schüler gaben zu, dass sie dies gar nicht erwartet ... (haben)*

e *Er versprach, er ... ihr etwas mit. (bringen)*

f *Alle versprachen, sie ... ihm etwas mit. (bringen)*

g *Der Arzt erklärte mir, ich ... meine Lebensgewohnheiten ändern, wenn meine Organe noch lange gesund bleiben ... (müssen, sollen)*

2 Forme zu indirekter Rede um:
Hochöfen sind etwa dreißig Meter hohe Türme. In sie wird von oben schichtweise zerkleinertes Eisenerz, Koks und Kalksandstein eingefüllt. Bei etwa tausend Grad verbrennt der Koks und die Kohlengase entreißen dem Erz den Sauerstoff. Beim Abstich des Hochofens fließt das spröde Roheisen in die Gußformen.

3 Was hat der Redner wörtlich gesagt? Forme um:
Parabolantenne nenne man eine Antennenform, die fast wie eine Hohlkugel aussehe. Damit empfange man sehr schwache Funkwellen, die aus dem Weltraum kämen. Solche Antennen verwende man auch beim Radar.

4 Die Zukunftsstadt des Jahres 2030:
Vollautomatisch gesteuerte Elektromobile fahren auf Elektronikstraßen – Fahrer kann Zeitung lesen – Gleitbahnen ersetzen Straßen – Kabinen-Taxis schweben an Magnetbahnen – Errichtung von Raumstädten über den heutigen Städten – Röhrenzüge mit Raketenantrieb verkehren in Tunnels unter Wasser – Last-U-Boote versorgen Wohntürme im Wasser
Schreibe mit Hilfe dieser Angaben einen Text, wie die Zukunftsstadt nach Meinung von Wissenschaftlern und Technikern aussähe.

5 Lehrer und Schüler tauschen eine Woche lang die Rollen. Wie verliefe das Schulleben? Schreibe es auf.

♦ So kannst du den **Konjunktiv** in deinen Texten nutzen:

- Du kannst ausdrücken, dass du die **Richtigkeit einer Information** nur **annimmst**:
  Der Ingenieur behauptet, dass die Konstruktion des Gerüstes sicher sei.
- Du kannst jemanden **höflich bitten** oder etwas **vorschlagen**:
  Würdest du das für mich erledigen?
  Ich würde es einmal mit der Zange versuchen.
- Wenn man das Gegenteil von dem meint, was man sagt, nennt man das **Ironie**. Auch diese kannst du mit dem Konjunktiv ausdrücken:
  Ich würde an deiner Stelle noch lauter schreien!

Test: Indikativ – Konjunktiv

Schreibe den folgenden Text in indirekter Rede auf:
Ein Mitarbeiter der NASA berichtete, nach den Plänen ...

Überprüfe sorgfältig, ob die gewählte Konjunktivform von der Indikativform unterscheidbar ist. Du hast es richtig gemacht, wenn du fünfmal den Konjunktiv I und sechsmal den Konjunktiv II verwendet hast.
Nach den Plänen der amerikanischen Raumfahrtbehörde soll es in nicht allzu ferner Zeit eine Gruppe von Passagieren geben, die sich mit Raumfahrt beschäftigen, jedoch in einem anderen Zusammenhang, als dies die Techniker großer Konzerne tun. Gedacht ist an Journalisten, Schriftsteller, Lehrer, Maler und Künstler, die das persönliche Erlebnis eines Raumflugs dem Erdenbürger aus ihrer Sicht vermitteln sollen. Der erste „Privatpassagier“ wird nach dem Willen des amerikanischen Präsidenten ein Lehrer sein. Denn das unvergessliche Erlebnis eines Freiflugs durch den Weltraum kann ein Lehrer an Generationen von Schülern und Studenten weitervermitteln. Der nächste Schritt ist dann der Passagierflug, den diejenigen Erdenbürger auf eigene Kosten buchen, die persönlich das Abenteuer eines Raumflugs und der Schwerelosigkeit erleben wollen. In zehn, fünfzehn oder zwanzig Jahren werden solche Träume Realität sein.

1.1.4.2 Modalverben

Auch mit den Verben
können – wollen – sollen – müssen – dürfen – mögen
beschreiben wir die Art und Weise eines Geschehens genauer.
Wir kennzeichnen es als

Möglichkeit:	*Morgen kann es regnen.*
Notwendigkeit:	*Du musst/sollst das Buch lesen.*
Vermutung:	*So kann es gewesen sein.*
Willensäußerung:	*Ich will/möchte dich sehen.*
Erlaubnis:	*Du darfst morgen kommen.*

Diese Verben heißen **Modalverben**.

Modalverben werden in Verbindung mit dem Infinitiv eines weiteren Verbs benutzt:

Ich will ihn nicht sehen.	Präsens
Ich wollte ihn nicht sehen.	Präteritum
Ich habe ihn nicht sehen wollen.	Perfekt

1 Erprobe in Sätzen, mit welchen Modalverben du die unterschiedlichen Kennzeichnungen eines Geschehens vornehmen kannst.

2 Schreibe die Spielanleitung ab und verbinde Modalverben und Infinitive durch Klammern. (Vielleicht hast du auch Lust, das Spiel auszuprobieren – anschließend natürlich!)
So kann man ein „Kunstwerk auf Raten" herstellen: Jeder Mitspieler erhält einen Bleistift und einen langen, schmalen Zettel. Der Spielleiter muss nun ein Thema stellen, z. B. Mensch – Tier – Maschine usw. Beim Thema „Mensch" beispielsweise soll zunächst der Kopf gezeichnet werden; danach muss jeder das Papier so falten, dass man nur noch den Halsansatz sehen darf. Jeder Mitspieler soll nun den Zettel weiterreichen und Körper und Arme, in den nächsten Runden Beine und Schuhe zeichnen. Will man ein möglichst gelungenes Ergebnis erzielen, müssen die Ansätze der vorhergehenden Zeichnung gut sichtbar sein. Du möchtest dem „Kunstwerk" den „letzten Pfiff" geben? Jeder soll zum Schluss ein Motto darunter schreiben! Die anschließende Enthüllung der „Picassos" pflegt in ausgelassener Heiterkeit zu enden. Es scheint mehr Künstler in der Spielrunde zu geben, als man vorher ahnen konnte!

1.1.4.3 Der Imperativ

Möchte der Sprecher die angesprochene(n) Person(en) nachdrücklich zu etwas auffordern, kann er den **Imperativ** (die Befehlsform) benutzen.

Man sagt zu einem anderen:	*Rechne nach! – Nimm es an! – Rechnen Sie es nach!*
zu mehreren anderen:	*Rechnet nach! – Nehmt es an! – Nehmen Sie es an!*

So wird der Imperativ Singular gebildet:

In gehobener Sprache mit -e:	*Binde es fest! Handle schnell! Fahre fort!*
Wechselt der Stammvokal „e" in der 2. Person Singular zu „i" wird der Imperativ mit „i" und ohne auslautendes „-e" gebildet:	*(nehmen, werfen) (du nimmst, du wirfst), Nimm! Wirf!*
(Einzige Ausnahme:	*werden – du wirst – werde!)*

1 Bilde alle möglichen Imperativformen folgender Verben:
geben – sammeln – binden – lesen – verderben – sprechen – essen – messen – helfen – vergessen – sehen – atmen – fahren – waschen – achten – verbergen – öffnen – sagen – bieten – werben

♦ **Aufforderungen** kann man auch mit dem Infinitiv und dem Passiv formulieren, vgl. S. 13 und 25.

Weitere Möglichkeiten:

- direkte Aufforderungen: *Hier geblieben! – Du bist jetzt endlich still!*
- indirekte Aufforderungen: *Kannst du das Fenster schließen? – Es wäre schön, wenn Sie kommen würden.*

1.1.5 Zusammenfassung: Formveränderungen beim Verb

Lies dir das voraufgegangene Kapitel über das Verb noch einmal durch und stelle dann in einer Übersicht zusammen, über was die konjugierte Verbform dich informiert:

Information über:	Beispiel:	
Die Gesprächsrolle	*Ich lerne.* *Du schläfst.* ...	Jemand spricht von sich. Eine Person wird angesprochen. ...
Die Zeitstufe	*Uwe liest.* ...	Ein Geschehen läuft jetzt ab. ...

1.2 Das Substantiv/Nomen

Substantive/Nomen

Konkreta | Abstrakta

Substantive nennt man auch **Nomen**.

Substantive/Nomen wie *Papier – Fahrrad – Licht – Hund*
bezeichnen etwas, was man sehen oder anfassen kann.
Sie heißen **Konkreta** (Gegenstandswörter).

Substantive/Nomen wie *List – Spaß – Zeit – Geist*
bezeichnen etwas, was man denkt oder fühlt.
Sie heißen **Abstrakta** (Begriffswörter).

1 Ordne unter diesem Gesichtspunkt folgende Substantive/Nomen:
Freude – Schere – Fenster – Fisch – Liebe – Hund – Meter – Lampe – Mensch – Hunger – Frieden – Buch – Angst – Monat – Baum – Schlaf – Auto

2 Ergänze jede Gruppe auf fünfzehn Substantive/Nomen.

3 In Comic-Heften benutzen die Zeichner Hilfszeichen, um Abstrakta darzustellen.

Welche Abstrakta sollen in diesen Comic-Bildchen, die eine Schülerin gezeichnet hat, deutlich werden?

4 Wie verdeutlicht ein Comic-Zeichner Abstrakta wie
Schmerz – Traurigkeit – Benommenheit – Angst – Geschwindigkeit – Freude?
Suche in Comic-Heften Beispiele dafür.

Test: Das Substantiv/Nomen

1 Bestimme, welche Substantive/Nomen in den folgenden Sätzen zur Gruppe der Konkreta und welche zur Gruppe der Abstrakta gehören.

a *Voller Neid blickte sie auf die guten Deutschkenntnisse ihrer jüngeren Schwester.*

b *Sein Fahrrad stattete er mit neuen Reifen aus.*

c *Das Café befand sich in einem Haus, das man an einem Abhang gebaut hatte wie eine Festung hoch über dem Tal.*

d *Die modernen Energien sollen die Umwelt weniger verschmutzen.*

2 Wenn du die Anfangsbuchstaben aller vorkommenden Substantive/Nomen in der richtigen Reihenfolge aufschreibst, nennen sie dir ein wichtiges Abstraktum.

1.3 Das Substantiv/Nomen und die Artikel und Pronomen

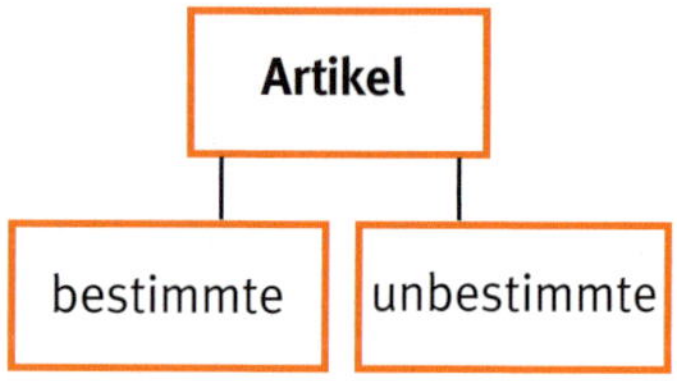

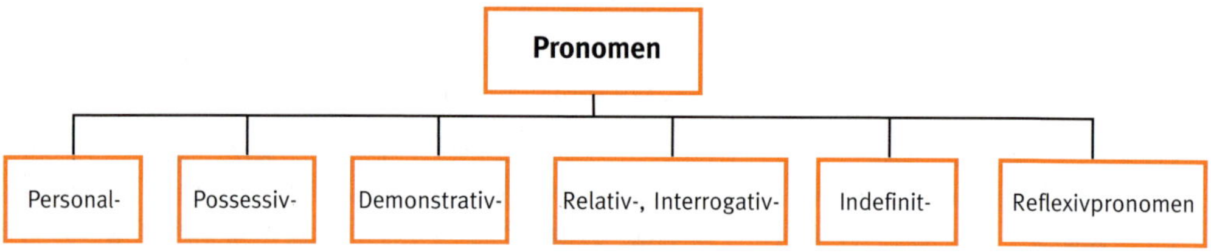

Es gibt Wörter, die Substantive begleiten oder an ihrer Stelle gebraucht werden:

Der Hase rannte einem Wolf davon. Da kam ihm eine Schnecke in die Quere. Um sie nicht zu verletzen wich er aus und stieß in vollem Lauf gegen einen Baum.

Welche Aufgabe diese Wörter übernehmen, erkennst du im Satzzusammenhang:

Der Hase rannte einem Wolf davon.

↓

Begleiter von „Hase“

Der Hase, der einem Wolf davonrannte, traf auf eine Schnecke.

↓

Stellvertreter für „Hase“

Der, die das nennt man **bestimmte Artikel**, wenn sie ein Substantiv begleiten; *ein, eine, ein* sind **unbestimmte Artikel.**
Alle anderen Wörter dieser Wortgruppe heißen **Pronomen**.

Die bestimmten Artikel und die Pronomen können sowohl Begleiter als auch Stellvertreter des Substantivs sein:

Da ist das Haus, das meinem Onkel gehört. *Es ist alt.*

das ↓ Begleiter; das ↓ Stellvertreter; Es ↓ Stellvertreter

Einige Schüler fehlten. *Manche waren wohl krank.*

Einige ↓ Begleiter; Manche ↓ Stellvertreter

1 Hier ist der zweite Teil der Fabel, von der auf Seite 32 unten der Anfang abgedruckt ist.
Die Schnecke wartete, bis der Hase wieder zu sich kam, dann sagte sie: „Nimm dir ein Beispiel an mir, ich bin noch niemals beim Ausweichen gegen einen Baum gerannt.“

Schreibe die ganze Geschichte ab und kennzeichne jeden Begleiter durch ein kleines darüber geschriebenes „B“, jeden Stellvertreter durch ein „St“.

2 Suche auch in der folgenden Fabel die Begleiter und Stellvertreter; es sind fünf Artikel und zehn Pronomen:
Ein Dackel hatte Prügel bekommen, weil er mit einer Wurst erwischt worden war. Zerknirscht schlich er zum Metzger und stahl wiederum eine, die er seinem Herrn als Ersatz bringen wollte. Doch der Metzger ertappte ihn und es setzte abermals Prügel. „Ich Idiot“, dachte der Dackel, „hätt' ich sie doch nur gefressen!“

3 Artikel oder Pronomen? Unterscheide:

a *Das hätte ich nicht von dir gedacht!*
b *Das Buch, das ich mir ausgeliehen habe, ist sehr spannend.*
c *Ich glaube nicht, dass das gut geht.*
d *Alle die Schülerinnen, die an den Bundesjugendspielen teilnehmen wollen, müssen pünktlich auf dem Sportplatz sein.*
e *Hunde, die bellen, beißen nicht.*

Nach ihren Aufgaben kann man die Pronomen (Fürwörter) noch genauer unterscheiden:

Personalpronomen (persönliche Fürwörter):
ich – du/Sie – er – sie – es – wir – ihr/Sie – sie
Possessivpronomen (besitzanzeigende Fürwörter):
mein – dein – sein – unser – euer – ihr/Ihr
Demonstrativpronomen (hinweisende Fürwörter):
dieser – diese – dieses – jener – derjenige – derselbe – der – die – das
Relativ- und Interrogativpronomen (bezügliche und fragende Fürwörter):
der – die – das – welcher – welche – welches – wer – was
Indefinitpronomen (unbestimmte Für- und Zahlwörter):
alle – ein bisschen – ein wenig – ein paar – einer – einige – etliche – etwas – jeder – jedermann – jemand – niemand – kein(er) – man – manch(er) – mehrere – nichts – sämtlich – welch(er)
Reflexivpronomen (rückbezügliche Fürwörter):
Er ärgert sich. Wir sahen uns wieder.

4 Welche Pronomen fehlen hier? Schreibe den Brief ab und setze sie ein. An einigen Stellen gibt es mehrere Möglichkeiten; schreibe die ausgeschlossenen Lösungen in Klammern dahinter.

Frankfurt, den 4. Mai 20..

Liebe Petra,
... habe ... nun endlich entschlossen, ... mitzuteilen, dass ... ... Einladung gerne annehme. ... Eltern haben auch nichts dagegen, dass ... die Ferien gemeinsam verbringen werden. ... hoffe, ... wird ... beiden wieder gelingen, ... Bruder zu einem längeren Ausflug mit ... Boot zu überreden. Sicherlich werden ... alle wieder viel Spaß haben.

... sende ... viele Grüße!
... Anna

5 Gestalte diesen Werbetext durch den Einsatz von Demonstrativpronomen ausdrucksvoller:
Eine Sprachreise ist die faszinierendste und anspruchsvollste Art, Urlaub zu machen. Die Reiseform unterscheidet sich grundsätzlich von allen anderen Möglichkeiten der Fremdsprachenschulung. Im fremdsprachlichen Unterricht die Sprache zu sprechen wie draußen mit dem Busschaffner ist ein tolles Erlebnis. Der Bildungsurlaub wird Ihnen Sprache, Kultur und Landschaft ganz nahebringen.

6 Suche in den folgenden Sätzen aus Horoskop-Texten alle Pronomen heraus und bezeichne sie genau:
a *Wer glaubt, Sie mit Komplimenten ködern zu können, dürfte sich getäuscht haben.*
b *Etwas stellt Ihr Vorhaben in Frage.*

c *Jemand, der Ihnen nahesteht, möchte eine Zusage.*
d *Man bezweifelt Ihr Durchhaltevermögen, aber Sie schaffen es bestimmt.*
e *Jemand folgt Ihnen. Dieses schmeichelt Ihnen.*

Test: Artikel und Pronomen

1 Im folgenden Text sind 9 Artikel und 20 Pronomen enthalten.
Schreibe den Text ab und unterstreiche die Artikel blau, die Pronomen rot.

2 Bestimme nun die Pronomen genau. Es kommen vor: 11 Personal-, 3 Possessiv-, 3 Demonstrativ-, 1 Reflexiv-, 2 Indefinitpronomen.

Ulla begegnet auf der Straße ihrem jüngeren Bruder Max. Er hält in jeder Hand eine Eistüte und leckt eifrig. „Wie kommst du denn gleich an zwei Portionen Eis?“, will die Schwester wissen. „Die sind ein Geschenk der Verkäuferin im Supermarkt“, sagt Max. „Das musst du mir aber genauer erklären“, meint Ulla. „Ja, es war so: Ich habe mir diese beiden Tüten aus der Truhe neben der Kasse genommen, und weil ich keine Hand frei hatte, habe ich zu der Kassiererin gesagt: Das Geld ist in meiner linken Hosentasche, aber passen Sie bitte auf, dass Sie mir nicht meine Frösche zerdrücken.“

1.3.1 Der Numerus

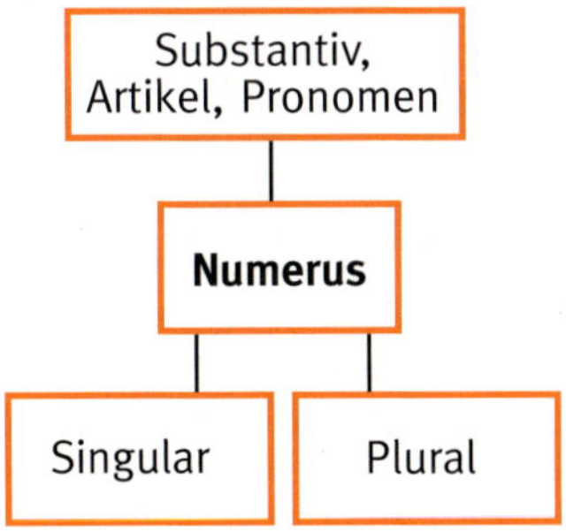

Der **Numerus** (= Zahl) gibt an, ob das mit ihm Bezeichnete einmal oder mehrmals vorhanden ist:

Singular (Einzahl):	**Plural** (Mehrzahl):
der Hund / er	*die Hunde / sie*
die Katze / sie	*die Katzen / sie*
das Rind / es	*die Rinder / sie*

1 Bilde zu den folgenden Substantiven/Nomen die Pluralform:
der Uhu – der Lehrer – der Hut – das Haus – die Nadel – die Frau – das Auto – der Wagen – der Hase – der Tag – die Tante – das Feld

2 Lege eine Tabelle mit sechs Spalten an. Ordne die Pluralformen aus Aufgabe 1 ein, dabei kannst du das Auftreten eines Umlautes (ä – ö – ü) unberücksichtigt lassen. Ergänze anschließend jede Spalte auf fünf Beispiele.

3 Bei manchen Substantiven/Nomen ist die Bildung des Plurals schwieriger. Benutze dazu ein Wörterbuch:
der Atlas – der Kaktus – das Album – das Lexikon – das Thema – das Museum – das Virus – der Motor – der Zoo – das Komma

4 Ordne die folgenden Substantive/Nomen nach ihrem Numerus in eine Tabelle. Schreibe jeweils den bestimmten Artikel dazu sowie (in Klammern) das richtige Personalpronomen:
Kupfer – Schnee – Fleiß – Eltern – Ferien – Obst – Alpen – Frieden – Masern – Geflügel – Spaghetti – Köln – Leute – Tropen – Butter – Glück – Geschwister – Kosten

5 Die Substantive/Nomen der Aufgabe 4 kommen nur im Singular (Singularetantum) oder nur im Plural (Pluraletantum) vor. Suche noch jeweils fünf Beispiele.

6 Bei der Bildung von Singular und Plural bei bestimmtem Artikel und Personalpronomen kannst du einen wichtigen Unterschied feststellen. Formuliere ihn mit Hilfe der Lösungen der Aufgabe 4.

Test: Der Numerus des Substantivs/Nomens

1 Schreibe aus dem folgenden Text die Substantive/Nomen (23) heraus und bestimme den Numerus.

2 Unterstreiche dann jedes Pluraletantum (2) rot, jedes Singularetantum (4) grün.

ENTENKÜKEN IN NOT
IN HANNOVER IST AM WOCHENENDE ERNEUT EINE ENTENFAMILIE IN NOT GERATEN. ALS DIE WASSERVÖGEL IM DICHTESTEN VERKEHR BEI REGEN DEN MARKTPLATZ ÜBERQUERTEN, FIELEN VIER KÜKEN IN EINEN GULLY. EINIGE LEUTE SCHLUGEN SOFORT ALARM UND MITARBEITER DER STADT BEFREITEN DIE GESCHWISTER AUS IHREM GEFÄNGNIS. NACHDEM EINE GROßE ANZAHL SCHAULUSTIGER DIE GLÜCKLICHE RETTUNG BEOBACHTET HATTE, KONNTE DIE FAMILIE IHREN AUSFLUG UNGEHINDERT FORTSETZEN.

1.3.2 Das Genus

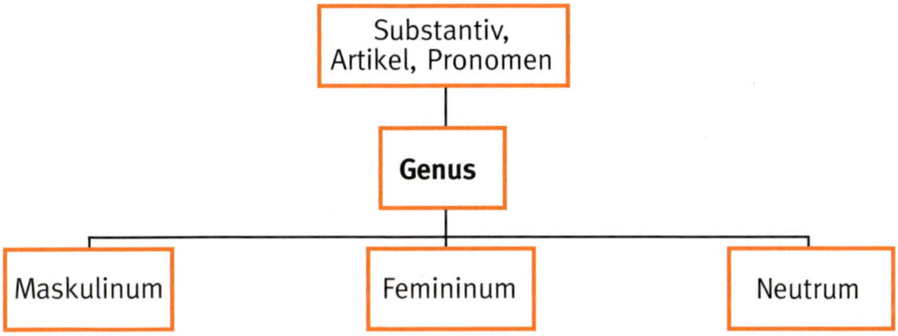

Jedes Substantiv/Nomen hat ein **Genus** (= grammatisches Geschlecht, Plural: **Genera**). Das gilt auch für Artikel und Pronomen.

Es gibt drei Genera:

	Artikel + Sustantiv/Nomen	Pronomen
Maskulinum (männliches Geschlecht)	*der Baum*	*er*
Femininum (weibliches Geschlecht)	*die Luft*	*sie*
Neutrum (sächliches Geschlecht)	*das Wasser*	*es*

1 Schreibe folgende Reihen vollständig auf. Wie heißen sie im Plural?

Maskulinum	Femininum	Neutrum
der Garten	*die Blume*	*das Feld*
ein ...	*eine ...*	*ein ...*
jener ...	*jene ...*	...
dieser ...	...	...
mancher ...	...	...
mein/dein/sein ...	...	...
unser/euer/ihr ...	...	...

2 Das Genus, d. h. das grammatische Geschlecht, stimmt mit dem natürlichen Geschlecht nicht unbedingt überein:
der Laie – die Geisel – das Mädchen
Suche zehn weitere Beispiele für diesen Sachverhalt.

3 Bei manchen Substantiven/Nomen ist uns das Genus nicht so geläufig. Bestimme es bei den folgenden Wörtern mit Hilfe eines Wörterbuchs:
Prospekt – Triangel – Gummi – Kartoffel – Orchester – Dia – Virus – Bonbon

4 Im Deutschen gibt es eine Reihe gleich lautender Substantive/Nomen, die ein verschiedenes Genus und eine verschiedene Bedeutung haben können:
der Kiefer (= Knochen) – *die Kiefer* (= Baum)

Stelle fest, in welchen Genera und mit welcher Bedeutung die folgenden Substantive/ Nomen vorkommen:
Leiter – Marsch – Taube – Otter – Harz – Mark – Tau – Mast – Bauer – Band – Gehalt – Erbe

Test: Das Genus des Substantivs/Nomens

1 Ordne die Substantive/Nomen des Textes im Singular nach ihrem Genus in einer Tabelle.

Geldwespen
Unter den Hochzeitsgeschenken für ein jung vermähltes Paar im Süden Italiens befand sich auch ein kunstvoll gearbeiteter, fest verschlossener Korb. Als das Ehepaar den Deckel abhob, ertönte ein vielstimmiger Schreckensschrei. Der Korb war voller Wespen, die sich wütend auf die Hochzeitsgesellschaft stürzten. Ein Gast musste wegen eines Schwächeanfalls ins Krankenhaus gebracht werden, eine Person erlitt einen Schock. Das Geschenk stammte von einem Gläubiger der Familie, der auf diese Weise seinen Geldforderungen Nachdruck verleihen wollte.

2 Unterstreiche die Substantive/Nomen, bei denen Genus und natürliches Geschlecht nicht übereinstimmen bzw. bei denen das natürliche Geschlecht nicht eindeutig bestimmt werden kann.

1.3.3 Die vier Kasus

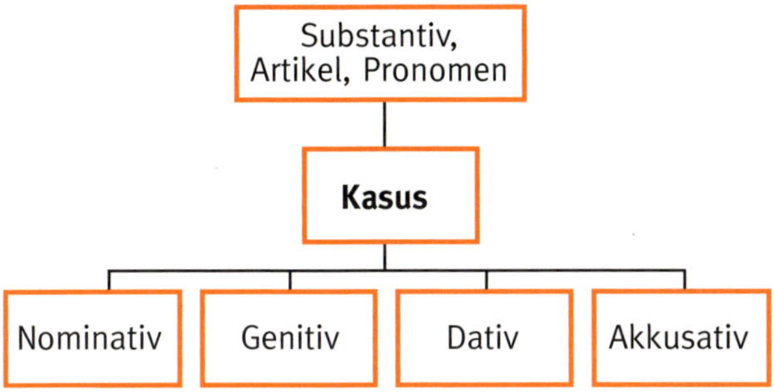

Wir untersuchen genau, was wir in folgendem Satz erfahren:

Die Tochter beschreibt ihrem Vater den Verlauf des Festes.

Wer beschreibt etwas?	*die Tochter*
Wem beschreibt sie es?	*ihrem Vater*
Wen oder was beschreibt sie?	*den Verlauf*
Wessen Verlauf beschreibt sie?	*des Festes*

Gemeinsam mit ihrem Artikel oder einem Pronomen können die Substantive/Nomen dieses Satzes auch in folgenden Formen auftreten:

Wer?	*die Tochter*	*der Verlauf*	*ihr Vater*	*das Fest*
Wessen?	*der Tochter*	*des Verlaufes*	*ihres Vaters*	*des Festes*
Wem?	*der Tochter*	*dem Verlauf*	*ihrem Vater*	*dem Fest*
Wen oder was?	*die Tochter*	*den Verlauf*	*ihren Vater*	*das Fest*

Die Substantive/Nomen sowie die Artikel und Pronomen können im Deutschen in vier **Kasus** (= Fall/Fälle) stehen:

im **Nominativ** (Wer-Fall),
im **Genitiv** (Wessen-Fall),
im **Dativ** (Wem-Fall),
im **Akkusativ** (Wen-Fall).

Diese Formveränderung des Substantivs/Nomens sowie der Artikel und Pronomen heißt **Deklination**.

1 Ergänze die folgenden Sätze, indem du jeweils sechs verschiedene Artikel und Pronomen als Begleiter einsetzt (vgl. Seite 37).

a *Das Ende ... Tages kam.* **b** *Das Ende ... Nacht kam.* **c** *Das Ende ... Jahres kam.*	Wessen Ende kam?	= Genitiv
d *Eis schmeckt ... Onkel.* **e** *Eis schmeckt ... Tante.* **f** *Eis schmeckt ... Kind.*	Wem schmeckt es?	= Dativ
g *Ich lese ... Brief.* **h** *Ich lese ... Zeitung.* **i** *Ich lese ... Buch.*	Wen oder was lese ich?	= Akkusativ

2 Ersetze nun, wo es möglich ist, Begleiter und Substantive/Nomen durch ein entsprechendes Pronomen.

3 Forme alle Sätze aus Aufgabe 1 in den Plural um. Was stellst du bei den Begleitern fest?

Die Kennzeichen der vier Kasus, die sich bei einem Maskulinum im Singular erkennen lassen:

Nominativ		**Genitiv**	
Frage: WER?/WAS?			Frage: WESSEN?
Der Schüler	*lacht.*	*Er öffnet die Tür*	*des Lieferwagens.*
Ein Baum	*wächst.*	*Sie hörte die Stimme*	*eines Geistes.*
Er	*träumt.*		
NOMINATIV			GENITIV
kein Kennzeichen			Kennzeichen **s**
Dativ		**Akkusativ**	
	Frage: WEM?		Frage: WEN?/WAS?
Man vertraut	*einem Freund.*	*Sie liest*	*einen Brief.*
Es gehört	*dem König.*	*Wir besuchen*	*den Freund.*
Ich schreibe	*ihm.*	*Er sieht*	*ihn.*
	DATIV		AKKUSATIV
	Kennzeichen **m**		Kennzeichen **n**

Diese Kennzeichen der Kasus kannst du bei einem Femininum oder Neutrum durch eine Ersatzprobe ermitteln. Du führst sie durch, indem du ein passendes Maskulinum mit einem Artikel im Singular einsetzt:

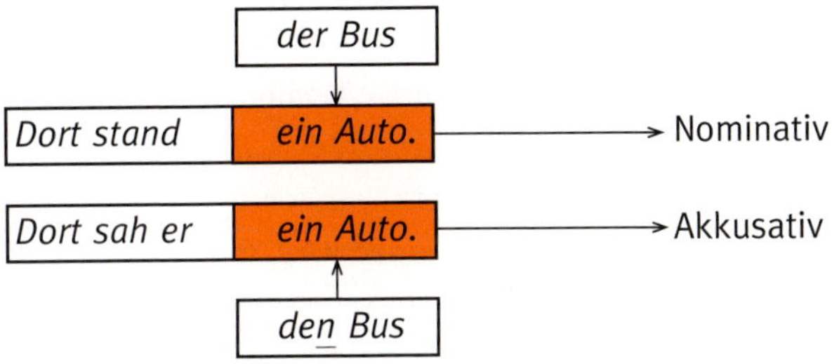

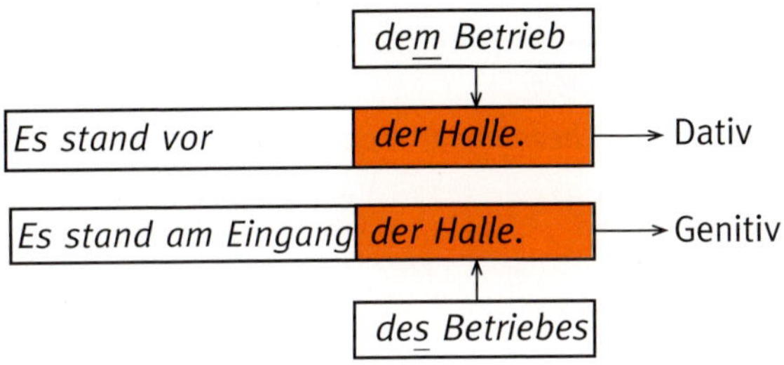

4 Bestimme in den folgenden Sätzen die Kasus mit Hilfe einer Ersatzprobe oder durch die Fragemethode:

a *Waldi, der Dackel meiner Nachbarin, war gestern entwischt.*

b *Er flitzte durch das Treppenhaus auf die Straße.*

c *Dort lief er einer Radfahrerin direkt vor das Rad.*

d *Sie konnte Waldi gerade noch ausweichen.*

e *Dieser flüchtete laut kläffend hinter eine Mülltonne.*

5 Bestimme auch im folgenden Text die Kasus und ordne sie in einer Tabelle.

Die Zugvögel brechen auf, bevor es in den Gebieten kalt wird, in denen sie ihre Nester gebaut und ihre Brut aufgezogen haben. Die ersten haben schleswig-holsteinische Laubwälder oder die Städte des Ruhrgebietes bereits Ende Juli verlassen. Die weiteste Reise macht die Seeschwalbe. Von Grönland bis zur Antarktis legt sie 38000 Kilometer zurück. Der charakteristische Keilflug der Zugvögel hat den Vorteil, dass immer ein nachfolgender Vogel in dem Windschatten des anderen Vogels unterwegs ist.

Nominativ	Genitiv	Dativ	Akkusativ
die Zugvögel …	*des Ruhrgebietes* …	*(in) den Gebieten* …	*ihre Nester* …

Test: Deklination

1 Vervollständige die folgenden Sätze, indem du das in Klammern angegebene Substantiv/Nomen mit seinem Begleiter in der richtigen Form einfügst.

2 Bestimme anschließend den Fall der eingesetzten Substantive/Nomen.

a *Ich kenne ..., der mondsüchtig ist. (mancher Sonnenanbeter)*
b *Einem Kaffeeröster kann es passieren, dass er durch ... gezogen wird. (der Kakao)*
c *Es kann durchaus sein, dass sich bei ... etwas erübrigt. (ein Resteverwerter)*
d *Man weiß nichts über die dunkle Vergangenheit ... (jener Hellseher;* Singular*)*
e *Was passiert, wenn ein Schrankenwärter aus ... gerät? (das Häuschen)*
f *Es stimmt nicht, dass ... alles auf die leichte Schulter nimmt. (jeder Gewichtheber)*
g *... kann man nichts weismachen! (ein Schwarzseher)*
h *Und ... zur Aufbewahrung von Krokodilstränen bezeichnet man auch als Weinfass. (dieser Behälter)*

1.4 Das Adjektiv

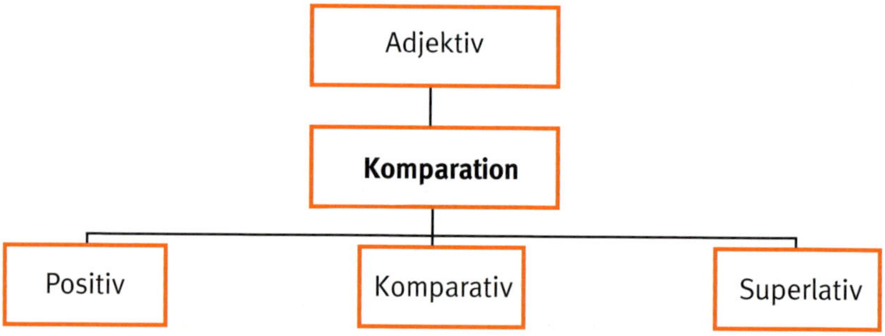

Adjektive kennzeichnen Eigenschaften und Merkmale von Personen, Dingen oder Handlungen. Durch Adjektive können wir verschiedene Stufen miteinander vergleichen. Es gibt **Steigerungsstufen** oder **Vergleichsformen**:

Ein Haus ist so alt wie das andere.	Alle sind gleich: **Positiv** (Grundstufe)
Dieses Haus ist älter als die anderen.	Sie sind ungleich: **Komparativ** (Vergleichs- oder Höherstufe)
Dieses Haus ist das älteste/am ältesten von allen.	Eines übertrifft alle: **Superlativ** (Höchststufe)

Diese Formveränderungen des Adjektivs nennt man **Komparation** (Steigerung).

Wenn Adjektive bei einem Substantiv stehen, können sie **dekliniert** werden:
der kleine Junge, den kleinen Jungen, dem kleinen Jungen

1 Wie lauten die Vergleichsformen von: *gut – viel – hoch – nahe?*

2 Können diese Adjektive einen Komparativ bilden: *äußere – innere – obere?*

3 Wie ist es hier? Erkläre:
rosenrot – riesengroß – steinreich – uralt – tot – lebendig – viereckig – bargeldlos – unverlierbar – blind

4 Bei Wortgruppen aus Adjektiv + Adjektiv/Partizip setzt man den ersten Teil in die Vergleichsform:
ein schwer verständlicher Text – der schwerer verständliche Text – der am schwersten verständliche Text
Bilde die Vergleichsformen und beachte die getrennte Schreibung:
leicht löslich – nahe liegend – dicht bevölkert – gut gelaunt

5 Bei zusammengesetzten Adjektiven setzt man in der Regel den zweiten Teil in die Vergleichsform:
altmodische Schuhe – (noch) altmodischere Hüte – die altmodischste Kleidung
Bilde die Vergleichsformen von:
leichtsinnig – großartig – langweilig – gutmütig – altklug

6 Verwende die Vergleichsformen der Aufgaben 4 und 5 in Sätzen.

Numerale (Zahlwörter) machen Angaben über die Anzahl bzw. Menge oder über die Reihenfolge. Sie werden meistens wie Adjektive gebraucht. Wir unterscheiden:

Kardinalzahlen (Grundzahlen):	*Hier sind zehn Schüler. Er hat null Fehler.*
Ordinalzahlen (Ordnungszahlen):	*Sie sind der millionste Besucher.*
	So lebten die ersten Menschen.
Unbestimmte Zahlwörter:	*Einzelne Bäume blühten bereits.*
	Er bereiste die ganze Welt.

7 Hier ist noch eine Auswahl von unbestimmten Zahlwörtern. Verwende sie als Adjektive in Sätzen:
übrig – verschieden – vereinzelt – gewiss – zahlreich – zahllos – wenig – viel – sonstige – weitere – gesamt – ungezählt

8 Eine Knobelfrage: Wie viele Kardinalzahlen (Grundzahlen) gibt es?

Test: Das Adjektiv

Mit diesem Beauty-Shampoo erleben Sie eine außergewöhnlichere, faszinierendere Haarpflege. Selbst feinstes Haar erhält duftige Fülle und mehr Volumen. Mit einem empfehlenswerten ph-Wert pflegt das Shampoo auf mildeste Weise Haar und Kopfhaut. Begleitet von einem leichten und frischen Duft kräftigen haarverstärkende Aufbaustoffe Ihr Haar bis in die Spitzen. Verflüssigtes Elastin und spezielle Pflegestoffe verbessern Struktur und Kämmbarkeit des Haares. Sie geben auch kraftlosestem Haar neue Vitalität und elastischeren Halt. Die reiche Wirkstoffkombination macht dieses Shampoo zudem sehr ergiebig.

Lege dir in deinem Heft eine Tabelle nach folgendem Muster an:

Positiv (10)	Komparativ (4)	Superlativ (3)
...	...	...

Trage die Adjektive des Werbetextes mit roter Farbe ein.
Ergänze die fehlenden Vergleichsformen mit grünem Stift.

Die Unflektierbaren

1.5 Adverbien – Präpositionen – Konjunktionen

Verben, Substantive/Nomen, Artikel, Pronomen und Adjektive sind Wortarten, deren Form wir verändern können, um etwas Bestimmtes auszudrücken. Sie können flektiert werden.

Wörter, deren Form wir nicht verändern können, nennen wir **Unflektierbare**.

Sie haben unterschiedliche Aufgaben:

Sie machen Angaben über Ort, Zeit, die Art und Weise, den Grund: **Adverbien** (= Umstandswörter)	Sie geben Verhältnisse an: **Präpositionen** (= Verhältniswörter)	Sie verbinden Wörter, Wortgruppen und Sätze: **Konjunktionen** (= Bindewörter)
heute – vielleicht – dort – daher – bald – darauf ...	*bis – durch – auf – in – bei – nach – ohne – an – über – wegen ...*	*und – denn – dass – sodass – nachdem – wenn – weil ...*

Im nächsten Kapitel erfährst du auf den Seiten 49, 61, 62 ff., 74, 81 f. noch mehr über die Funktion der Wortgruppe der Unflektierbaren.

Test: Die Unflektierbaren

Schreibe den Zeitungstext ab und übermale die Wörter, die zur Wortgruppe „Unflektierbare"(22) gehören, mit grünem Filzstift. Beachte: Von diesen Wörtern kannst du keine anderen Formen bilden.

JÄGERLATEIN

Aachen (dpa). Mit der Frage „Jägerlatein oder nicht?" muss sich die Jagdbehörde des Kreises Euskirchen beschäftigen. Es geht dabei um den Fall eines Jägers, der zum Gespött der Leute wurde. Er hatte kürzlich in Schleiden-Dreiborn statt Wildschweinen eine weidende Kuh zur Strecke gebracht. Wegen dieses unwaidmännischen Verhaltens hatte die Jagdbehörde den Jagdpächter zu einer Stellungnahme aufgefordert, der damals zu der Wildschweinjagd eingeladen hatte.

Wie der Jagdpächter gestern schilderte, war alles „ganz anders": Sein Jagdgast habe tatsächlich auf vorüberziehende Wildschweine gezielt. Der Schuss sei aber durch den Draht eines Weidezaunes „abgefälscht" worden und in die grasende Kuhherde eingeschlagen.

Zusammenfassender Test: Die Wortarten

Du kannst hier nun einmal überprüfen, was du über die Wortarten und Wortformen weißt. Wenn du eine Aufgabe nicht gleich lösen kannst, so lies dir noch einmal den entsprechenden Abschnitt (s. Seitenzahl in Klammern hinter der Aufgabe) durch.

Als der König der Tiere neu gewählt werden sollte, sah es so aus, als würde diesmal der Tiger gewinnen. Da versprach der Löwe großzügig seinen Untertanen noch reichere Beute und für jeden größere Anteile davon, schönere Wohnungen und bessere Schulen. Das gefiel allen – sie wählten ihn wieder.

Aber als die Versprechungen nicht eingehalten wurden, erinnerten unerschrockene Untertanen Seine Majestät eindringlich. „Unmögliches kann ich auch nicht halten", meinte der Löwe. „Das müsst ihr verstehen."

Nach einigem Nachdenken gelang das auch vielen – und sie huldigten weiter ihrem erhabenen Herrscher.

1 Schreibe den Text ab und markiere die Wörter je nach ihrer Zugehörigkeit zu einer Wortart mit Farbstiften: Verben = rot; Substantive/Nomen = braun; Adjektive = blau; Artikel und Pronomen = gelb; Unflektierbare = grün.

2 Welche Substantive/Nomen sind **Abstrakta**? Schreibe sie heraus. (S. 31)

3 Welche Aufgabe übernimmt das Wort **„das"** im dritten Satz? (S. 33 f.)

4 Bestimme im zweiten Satz **die Kasus** (Fälle). (S. 39 ff.)

5 Welches **Tempus** (welche Zeitform) kommt in dem Text am häufigsten vor? Nenne zwei Beispiele. (S. 13 ff.)

6 In welchem Satz findest du einen **Konjunktiv**? Schreibe den Satz heraus und unterstreiche die Verbform. Erkläre: Weshalb wurde der Konjunktiv benutzt? (S. 25 f.)

7 Der Text enthält zwei **Partizipien II** und vier **Infinitive**. Schreibe sie heraus. (S. 11 f.)

8 Zwei Sätze stehen im **Passiv**. Bestimme genau, um welche Art des Passivs es sich jeweils handelt. (S. 22 ff.)

9 Forme die in **wörtlicher/direkter Rede** erzählten Sätze zu **indirekter Rede** um. (S. 26 f.)

10 Welche **Vergleichsformen** der Adjektive kannst du feststellen? Wie heißen die nicht benutzten Vergleichsformen? (S. 42 f.)

2 Satzlehre

2.1 Satzarten

Alles, was man sagt, kann man drei Grundabsichten zuordnen, zu denen drei **Satzarten** gehören:

Man möchte, dass der andere etwas erfährt; man will etwas berichten oder von sich selbst sagen: *Heute habe ich den ersten Preis gewonnen.* *Das hast du gut gemacht!*	**Aussagesatz**
Man möchte, dass einem der andere etwas sagt; man will etwas erfahren, was man noch nicht weiß: *Kennst du seinen Bruder?* *Woher kommst du?*	**Fragesatz**
Man möchte, dass der andere etwas tut; man befiehlt oder wünscht, dass etwas geschieht: *Öffne bitte das Fenster!* *Hättest du doch mehr Zeit für mich!*	**Aufforderungssatz**

1 Bezeichne die Satzarten in den beiden Texten:

a *Der Lehrer sagt im Deutschunterricht: „Wer kann einen Satz mit ‚Pferd und Wagen' bilden?" Heini meldet sich: „Das Pferd zieht den Wagen." – „Das hast du gut gemacht! Und jetzt nenne mir die Befehlsform!" – Heini: „Hü!"*

b *Uwe ist dreizehn Jahre alt und findet sich schon ganz schön erwachsen. Neulich hat er sich auf dem Schulhof eine Zigarette angezündet. Plötzlich stand der aufsichtführende Lehrer neben ihm: „Was fällt dir ein? Mach sofort die Zigarette aus! Weißt du nicht, dass Rauchen grundsätzlich verboten ist?" Weshalb hatte der Lehrer Recht?*

2 Oft formulieren wir unsere Redeabsichten aber ganz anders. Im Beispiel der Schulhofsituation könnte der Lehrer zu dir sagen: „Da ist ein Papierkorb." Welche Absicht verfolgt diese Äußerung, wie ist sie formuliert?
Wie ist es hier?

a *Claudia kommt vom Stadtbummel nach Hause und sagt zu ihrer Mutter: „In der neuen Boutique habe ich ein tolles Kleid gesehen."*

b *Max kommt mit laufender Nase, ständig hustend und mit hochrotem Kopf in die Schule. Sein Freund sagt: „Bist du erkältet?"*

2.2 Satz und Satzglieder

Den Satz

Klaus repariert in seiner Freizeit alte Mofas.

können wir auch so aufschreiben:

In seiner Freizeit	*repariert*	*Klaus*	*alte Mofas.*
Klaus	*repariert*	*alte Mofas*	*in seiner Freizeit.*
Alte Mofas	*repariert*	*Klaus*	*in seiner Freizeit.*
Klaus	*repariert*	*in seiner Freizeit*	*alte Mofas.*

Diese **Umstellprobe** zeigt uns, dass Wörter und Wortgruppen für sich verschiebbar sind. Es sind Sinngruppen oder Sinnblöcke eines Satzes. Wir nennen sie **Satzglieder**.

Jedes Satzglied hat eine bestimmte Aufgabe im Satz:

Klaus →	sagt, wer mit der Handlung zu tun hat.
repariert →	nennt die Handlung.
in seiner Freizeit →	sagt, wann die Handlung ausgeführt wird.
alte Mofas →	sagt, worauf sich die Handlung richtet.

1 Schreibe die folgenden Sätze ab, stelle sie um und ermittle so die Satzglieder. Rahme jedes Satzglied ein:

a *Martina sammelt mit großem Eifer alte Postkarten.*

b *Birgits Schwäche sind nach wie vor Kosmetikproben.*

c *Ihre Schwestern beschäftigen sich in jeder freien Minute mit chemischen Versuchen.*

d *Hans verbringt den größten Teil seiner Freizeit auf seinem Boot.*

e *Nach langer Zeit besuchte die erwachsene Enkeltochter ihre Großeltern in Hamburg.*

2 Schreibe den Text ab und rahme alle Satzglieder ein. Führe die Umstellprobe nur in Zweifelsfällen schriftlich durch.

Eine hundertjährige Buche hat ein riesiges Blätterdach. Es hat mit rund 1600 Quadratmetern Blattoberfläche etwa die Ausdehnung einer Turnhalle. Bei der Fotosynthese nimmt die Buche mit ihren Blättern die Sonnenenergie auf. Sie baut aus dem Kohlendioxid der Luft und den Mineralien aus dem Boden Zucker und Stärke auf. Dabei fabriziert sie Sauerstoff. Ihn brauchen wir zum Atmen.

Manchmal besteht ein Satz aus mehreren Teilsätzen:

a *Tom saß auf seinem Gegner und trommelte mit den Fäusten auf ihm herum.*

b *Ich werde es dir schon zeigen, dass es mich etwas angeht.*

c *Als er vorsichtig durchs Fenster hineinkletterte, fiel er die Hände seiner Tante.*

Um die Umstellprobe durchführen zu können, verwandeln wir die Teilsätze in selbstständige Sätze. Dazu lassen wir die (hier unterstrichenen) Konjunktionen weg und formen entsprechend um:

- **a** *Tom saß auf seinem Gegner. Er trommelte mit den Fäusten auf ihm herum.*
- **b** *Ich werde es dir schon zeigen: Es geht mich etwas an.*
- **c** *Vorsichtig kletterte er durchs Fenster hinein. Er fiel in die Hände seiner Tante.*

Die **Konjunktionen** (vgl. S. 44) *und – dass – als* dienen nur dazu, Sätze oder Wörter zu verbinden. Es sind keine Satzglieder.

3 Löse alle Verbindungen von Teilsätzen auf und ermittle die Satzglieder:
Ein Hirsch wurde von den Jägern verfolgt, aber er entkam ihnen und versteckte sich in einem Weinberg. Die Jäger entdeckten ihn dort nicht und gingen vorbei, sodass der Hirsch sich gerettet glaubte. Da weidete er sogleich die Blätter eines Weinstockes ab. Aber einer der Jäger hörte, wie es in den Blättern knisterte. Weil er gleich vermutete, dass dort ein Tier verborgen sei, wandte er sich um. Er warf seinen Spieß dorthin und traf dabei den Hirsch zu Tode. Da sagte dieser sterbend: „Mir geschieht recht! Warum habe ich mich an meinem Retter vergriffen!"

4 Welche Wörter sind bei der Umformung weggefallen? Stelle sie zusammen.

5 Forme diesen Satz in die in ihm enthaltenen Hauptsätze um und ermittle die Satzglieder:
Der Flug hat zwar nur zwölf Sekunden gedauert, aber es ist der erste in der Geschichte der Menschheit gewesen, bei dem eine Maschine, die einen Menschen trug, sich aus eigener Kraft und völlig ungebunden in die Luft erhoben hat, eine Strecke geflogen und schließlich an einem Punkt gelandet ist, der nicht niedriger lag als der Startplatz.

6 Wie viele Satzglieder haben diese Schüttelreime?

- **a** *Es klapperten die Klapperschlangen, bis ihre Klappern schlapper klangen.*
- **b** *Es bellt ein Hund in Bielefeld, der grade so wie viele bellt.*

♦ Durch Anwendung der **Umstellprobe** kannst du deine Texte abwechslungsreicher gestalten.
Nina spannte ihren mit hunderten von roten Marienkäfern bedruckten Regenschirm auf und erregte so die Aufmerksamkeit aller Leute auf der Straße.

Das Satzglied, das eine besondere Information enthält, stellst du an den Anfang:
Ihren mit hunderten von roten Marienkäfern bedruckten Regenschirm spannte Nina auf und erregte so die Aufmerksamkeit aller Leute auf der Straße.

Test: Satzglieder

1 Zusammen enthalten die beiden folgenden Witze 46 Satzglieder. Ermittle sie durch die Umstellprobe.

a *In einem Zug sitzt eine ältere Dame einem jungen Mann gegenüber. Er kaut unentwegt Kaugummi. Schließlich fasst die ältere Dame Mut und sie sagt: „Es ist völlig zwecklos, dass Sie auf mich einreden, ich bin schwerhörig!"*

b *Um Mitternacht trifft Otto auf dem Friedhof ein Skelett. Unter dem Arm trägt es einen Grabstein. „Und was machen Sie damit?", fragt Otto. „Ohne Papiere komme ich hier schließlich nicht heraus."*

2 Hier hatte sich ein Schüler einen Witz notiert, den Zettel aber versehentlich zerrissen. Bringst du die Satzglieder wieder in die richtige Reihenfolge?

gestern | *fiel* | *auf meinen Bleistift* | *wirkt*
das neue Haarwuchsmittel | *ein Tropfen* | *ihn* | *ich*
als Zahnbürste | *heute* | *wirklich* | *benutze*

2.3 Das Prädikat

Bei der Durchführung der Umstellproben (vgl. S. 48) hast du gemerkt:

Im Aussagesatz bleibt das Satzglied, das das Geschehen bzw. die Handlung angibt, immer an der 2. Stelle des Satzes. Dieses Satzglied heißt **Prädikat**.

Die anderen Satzglieder sind vertauschbar und lassen sich um das Prädikat wie um eine Achse drehen:

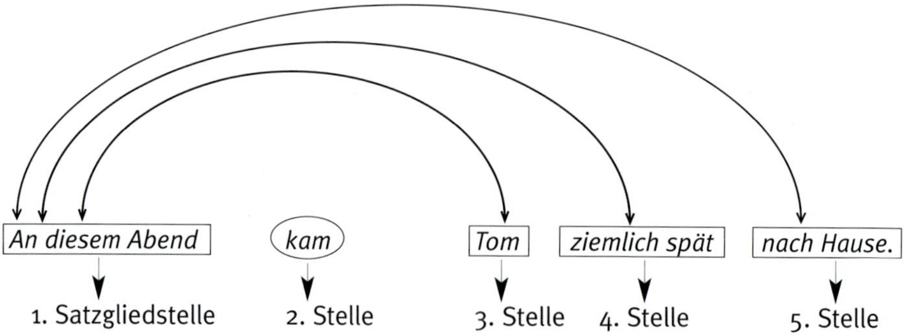

1 Führe bei den folgenden Sätzen die Umstellprobe schriftlich durch. Schreibe die umgestellten Sätze so auf, dass die 2. Satzgliedstellen, die Prädikate, untereinander stehen (vgl. Seite 48).

a *Der jüngste Leichtathlet dieses Wettbewerbes kämpfte vergebens um den Sieg.*

b *In der heutigen Pressekonferenz verliest der Pressesprecher die offizielle Stellungnahme der Bundesregierung.*

c *Nach einem langen, heißen Sommer begann nun ein ebenso schöner Herbst.*

2 Wie heißen in diesem Text die Prädikate?

Das Wahrheitsministerium enthielt in seinem pyramidenartigen Bau dreitausend Räume und eine entsprechende Zahl unter der Erde. In ganz London gab es nur noch drei andere Bauten von ähnlichem Aussehen und Ausmaß. Sie beherrschten das umgebende Stadtbild vollkommen. Sie waren der Sitz der vier Ministerien. Das Ministerium für Liebe war das furchterregendste von allen. Es hatte überhaupt keine Fenster.

3 Wenn du in diesem Text die Prädikate mit Hilfe der Umstellprobe ermitteln willst, musst du zunächst die Teilsätze in selbstständige Hauptsätze umformen (vgl. Seite 49).

Danach unterzogen die Reisenden wieder Erde und Mond einer aufmerksamen Beobachtung. Man sah die Erde nur in Gestalt einer aschgrauen Scheibe, die in einer noch schmaleren Sichel als gestern endigte, aber ihr Umfang war noch immer ungeheuer groß im Vergleich mit dem des Mondes, der mehr und mehr zu einem vollständigen Kreis wurde.

Aus mehreren Teilen besteht das Prädikat bei

trennbaren Verben:	*Er* *hielt* *die Zeitung* *fest.* Verb — Verbzusatz
Verbgefügen:	*Sie* *wollte* *ihn nicht* *sehen.* Modalverb — Infinitiv
mehrteiligen Tempusformen:	*Sie* *hat* *ihn nicht* *gesehen.* Hilfsverb — Partizip II
zweiteiligen Formen des Konjunktivs:	*Ich* *hätte* *dich gern* *besucht.* Hilfsverb — Partizip II
Passivformen:	*Er* *wurde/ist* *schon* *besiegt.* Hilfsverb — Partizip II

In diesen Fällen bildet das Prädikat eine **Klammer**, die den Satz zusammenhält (vgl. auch Seite 90 ff.).

4 Schreibe den folgenden Text ab und rahme alle Prädikate ein. Verbinde mehrteilige Prädikate durch Klammern:
Bolle will sich im Kaufhaus beim Winterschlussverkauf einen Pullover kaufen. Aber an den Sondertisch mit den günstigen Angeboten kommt er nicht heran. Die Frauen sind in dieser Sache erfahrener und drängen ihn immer wieder ab. Endlich verliert er die Geduld. Mit eingezogenem Kopf stößt er gewaltsam zum Tisch durch und erwischt einen der begehrten Pullover. Die Empörung der weiblichen Kundschaft ist allgemein. „Können Sie sich nich wie 'n Herr benehmen?", fragt eine schrille Stimme. Bolle mit letzter Kraft: „Det habe ick ja 'ne halbe Stunde vasucht, jetzt benehme ick mir wie 'ne Dame!"

5 Formuliere zu jeder der fünf möglichen Klammerbildungen (vgl. S. 51) vier Sätze und kennzeichne die Prädikate durch Rahmen und Klammer.

6 Erprobe an drei Beispielen, wie man die Satzglieder in Sätzen mit solchen Klammern umstellen kann. Was stellst du fest?

7 In diesem Gedicht stecken zehn Prädikate:

„Sie faule, verbummelte Schlampe",
Sagte der Spiegel zur Lampe.
„Sie altes, schmieriges Scherbenstück",
Gab die Lampe dem Spiegel zurück.
Der Spiegel in seiner Erbitterung
Bekam einen ganz gewaltigen Sprung.
Der zornigen Lampe verging die Puste.
Sie fauchte, rauchte, schwelte und rußte.
Das Stubenmädchen ließ beide in Ruhe,
Und doch:
Ihr schob man die Schuld in die Schuhe.
(Joachim Ringelnatz)

Test: Das Prädikat

Schreibe die Prädikate – durch Gedankenstriche getrennt – in der Reihenfolge auf, in der sie in den folgenden Texten vorkommen.

a *Im Bergland oberhalb der norditalienischen Stadt Novara wurden zwei Bergsteiger seit zwei Tagen und Nächten vermisst. Man wusste, dass sie Fackeln mitgenommen hatten. Im Bedarfsfall konnten sie Notsignale geben. Der schwache Lichtschein wurde jedoch von der Beleuchtung der Stadt Novara überstrahlt. In einer einzigartigen Solidaraktion erklärten sich die Bewohner zu Folgendem bereit: Sie nahmen vorübergehend einen totalen Stromausfall hin, damit eventuelle Lichtsignale der Vermissten entdeckt werden konnten. Die Aktion war erfolgreich. Nachdem man die Fackeln der verletzten Bergsteiger geortet hatte, wurden die beiden von einem Suchtrupp geborgen. (11)*

b *Auf ungewöhnliche Art hat Madame Courtat in Paris ihrem Mann in schwierigen Situationen einen Parkplatz beschafft. Beide sind mit tragbaren Funkgeräten ausgerüstet, Monsieur am Steuer seines Autos, Madame zu Fuß. Sobald die Gattin einen geeigneten Parkplatz im heimischen Revier entdeckt, verständigt sie per Funk ihren Mann. Bis zu dessen Eintreffen setzt sich Madame in die Parklücke. Die höflichen Pariser haben dies bisher hingenommen. Doch mittlerweile hat die Polizei Wind von dem Zusammenspiel bekommen und will Madame wegen Verstoßes gegen die Verkehrsregeln belangen. (8)*

2.4 Das Subjekt

Ein anderes Satzglied können wir durch die **Infinitivprobe** genauer bestimmen. Dazu verwandeln wir die Personalform des Verbs in den Infinitiv und stellen fest, welche Wörter wir aus dem Satz noch dazunehmen können:

Um 14 Uhr 20 sendet der Pilot den letzten Funkspruch.

↓

senden

den letzten Funkspruch um 14 Uhr 20 senden

Bei der Infinitivprobe fällt ein Satzstück heraus: *der Pilot*

Es ist ein eigenes Satzglied; die Umstellprobe beweist es:

Um 14 Uhr 20	*sendet*	*der Pilot*	*den letzten Funkspruch.*
Der Pilot	*sendet*	*um 14 Uhr 20*	*den letzten Funkspruch.*

Nun bestimmen wir den Kasus, in dem dieses Satzglied steht. Dazu führen wir eine Ersatzprobe durch (vgl. S. 40 f.):

Der Pilot *sendet ...*
Er
Der Flugkapitän
Der Flugzeugführer

Anstelle der Ersatzprobe können wir auch vom Geschehen her fragen:
Wer (oder was) sendet den Funkspruch? – *der Pilot*

Wir stellen also fest: Das Satzglied steht im **Nominativ**.

Das Satzglied, das im Nominativ steht und bei der Infinitivprobe herausfällt, heißt **Subjekt**.

1 Führe die Proben durch und bestimme so in diesen Sätzen das Subjekt:
   a *Der Flugsicherungsbeamte löst sofort Absturzalarm aus.*
   b *Um 14 Uhr 25 geben die Fernschreiber die Meldung vom Flugzeugabsturz in den Agenturen durch.*
   c *In den Nachrichten um 17 Uhr informiert das Fernsehen über das Unglück.*
   d *Der erste Reporter erreicht um 17 Uhr 45 die Absturzstelle.*
   e *Er beschreibt in einem telefonischen Bericht für seine Zeitung den Ort des Geschehens.*
   f *In der Sendung „Echo des Tages" berichtet der Hörfunk um 19 Uhr 30 vom Absturzort.*
   g *Der erste Nachrichtenfilm wird vom Fernsehen um 20 Uhr gezeigt.*
   h *Am nächsten Morgen veröffentlichen die Zeitungen ausführliche Reportagen und Kommentare.*

2 Bestimme im Text „Der Hirsch und der Weinstock" auf Seite 49 alle Subjekte.

3 Schreibe die folgende Anekdote mit weitem Zeilenabstand ab und unterstreiche die Subjekte. Führe Ersatzproben durch und schreibe alle Ersatzausdrücke unter das betreffende Subjekt:
   Ein Autofahrer hat eine Panne und bastelt an dem Motor herum. Ein Fordwagen hält neben ihm an, der Lenker steigt aus und hat den Schaden im Nu behoben. Der Autofahrer will dem Helfer ein Trinkgeld geben. Der aber, Ford selbst, lehnt lächelnd ab: „Ich bin in leidlich guten Verhältnissen." – „Ja, Mensch", sagt der Autofahrer, „warum fahren Sie dann einen Ford?"

Das Subjekt kann unterschiedlich formuliert werden.
Am häufigsten kommen Substantive/Nomen und Pronomen in der Rolle des Subjekts vor:

Ein Autofahrer/Er hat eine Panne.

Es gibt aber noch andere Möglichkeiten der Formulierung:
- als Infinitiv/Infinitivgruppe: *Schwimmen/Jeden Tag ein paar Runden zu schwimmen ist gesund.*
- als Partizipgruppe: *Frisch gewagt ist halb gewonnen.*
- als Nebensatz: *Wer liest, bildet sich weiter.* (Vgl. S. 78.)

Das Subjekt kann verschieden groß sein:

Er
Ein Mann
Ein alter Mann
Ein alter, weißhaariger Mann
Ein alter, weißhaariger, Pfeife rauchender Mann
Ein alter, weißhaariger, behaglich seine Pfeife rauchender Mann

Die Umstellprobe beweist, dass es sich noch immer nur um einziges Satzglied handelt:

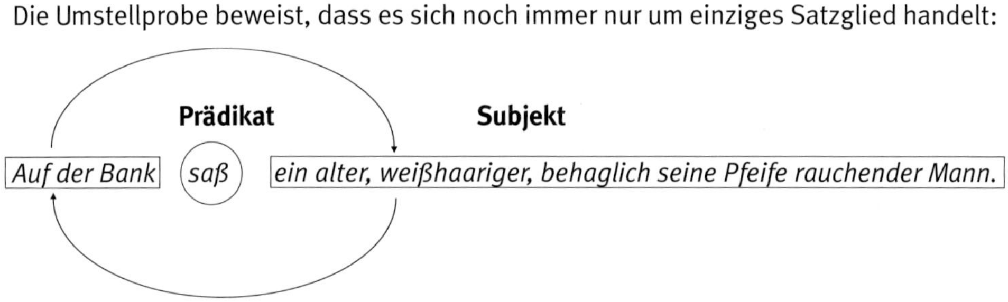

4 Bestimme in den folgenden Sätzen das Subjekt; notiere jeweils, welche Formulierungsmöglichkeit gewählt wurde:

a *Programmieren ist kompliziert.*
b *Gut vorbereitet ist halb ausgeführt.*
c *Computer zu verstehen muss nicht schwierig sein.*
d *Wer jetzt noch mit der Schreibmaschine arbeitet, verschwendet wertvolle Zeit.*
e *Dieser Sache nachzutrauern lohnt sich nicht.*

5 Kannst du das Subjekt des Beispielsatzes im Kasten noch länger machen?

6 Verkürze das Subjekt des folgenden Satzes Schritt für Schritt:
Ein über die Maßen Aufsehen erregendes, offenbar selbst gebautes, laut klapperndes, vorne und hinten ziemlich verbeultes, nach Öl stinkendes und schwarze Abgaswolken verbreitendes Vehikel zockelte die Straße entlang.

♦ So groß darf das Subjekt jedoch nur in einem Spaß- oder Übungssatz sein. Überladene Satzglieder erschweren das Verstehen.

So wäre es besser:
Ein vorne und hinten verbeultes Vehikel zockelte laut klappernd die Straße entlang. Es erregte über die Maßen Aufsehen, weil es, offenbar selbst gebaut, nach Öl stank und schwarze Abgaswolken verbreitete.

7 Vereinfache folgende Sätze in ähnlicher Weise:
- **a** *Der über den linken Flügel gespielte, gut vorbereitete, nicht mehr zu stoppende, knallharte Schuss war unhaltbar.*
- **b** *Mein neuer, mit allen technischen Raffinessen ausgestatteter, mir von meinen Eltern zum letzten Geburtstag geschenkter Kassettenrekorder ist schon kaputt.*
- **c** *Eine alte, halb verfallene, früher von Waldarbeitern errichtete, seit langem nicht mehr benutzte und im dichten Unterholz versteckte Hütte diente den Schmugglern als Versteck.*

8 Vereinfache ebenso die Sätze der Aufgabe 4 auf Seite 59.

Test: Das Subjekt

1 Bestimme in jedem Satz das Subjekt durch die Infinitivprobe.
- **a** *Der Bruder seines besten Freundes zerlegt mit großer Begeisterung alte Fernsehapparate in ihre Bestandteile.*
- **b** *Das vor Wochen ausgeliehene Buch gab der Neffe schließlich seiner alten Tante ohne jede Entschuldigung zurück.*
- **c** *Nach Beendigung dieser Arbeit werde ich die Ferien in vollen Zügen genießen.*
- **d** *Trotz ihres hohen Alters wusste seine Großmutter bei vielen Alltagsproblemen immer einen guten Rat.*
- **e** *Diese alte Schrottmühle kann er mit gutem Gewissen niemandem mehr zum Kauf anbieten.*
- **f** *Nach meinen Informationen werden im Herbst nächsten Jahres die meisten deutschen Haushalte über einen Videorekorder verfügen.*

2 Ermittle dann die Subjekte durch die Fragemethode.

2.5 Objekte

2.5.1 Das Akkusativobjekt

Im Satz

Der Zahnarzt | zieht | einen Zahn.

bildet das Satzglied „einen Zahn“ die Ergänzung der Handlung. Eine solche Ergänzung nennt man **Objekt**. Bei den meisten Verben ist ein Objekt notwendig, um einen vollständigen Satz zu bilden.

Der Zahnarzt	*zieht*	*einen Zahn.*
Subjekt	Prädikat	Objekt
Nominativ		**Akkusativ**

Das Satzglied, das zeigt, auf wen oder was die Handlung sich richtet, steht im Akkusativ. Es heißt **Akkusativobjekt**.

So findest du das Akkusativobjekt:

	Asterix | bringt | die Freunde | zurück.
Umstellprobe:	*Die Freunde | bringt | Asterix | zurück.*
Ersatzprobe:	*Den Freund*
	ihn
Frage:	Wen bringt Asterix zurück? – *die Freunde*
	Obelix | verspeist | abends | zehn Wildschweine.
Umstellprobe:	*Zehn Wildschweine | verspeist | Obelix | abends.*
Ersatzprobe:	*Einen Braten*
	ihn
Frage:	Was verspeist Obelix? – *zehn Wildschweine*

1 Bestimme in den folgenden Sätzen das Akkusativobjekt:

a *Asterix und Obelix bestehen gemeinsam alle Gefahren.*

b *Der Druide kocht ihnen immer einen äußerst wirkungsvollen Zaubertrank.*

c *Ihr Dorf umgeben mehrere Römerlager.*

d *Wildschweinbraten isst Obelix am liebsten.*

e *Regelmäßig fesselt man den Barden beim Festessen.*

2 Schreibe die Bastelanleitung ab und rahme die Akkusativobjekte ein.

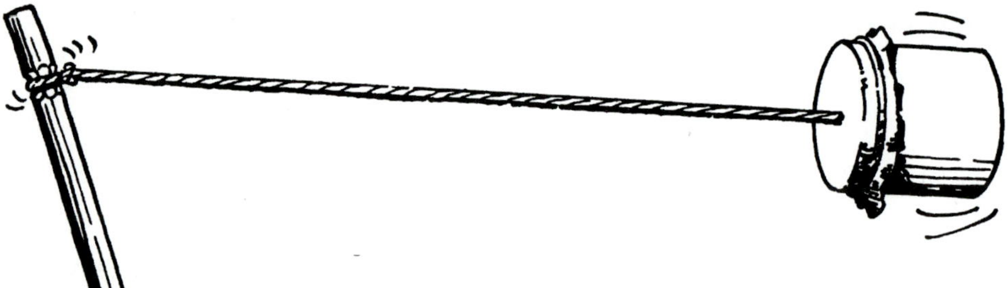

Bastelanleitung für eine Knatterbüchse

Du benötigst eine kleine Konservendose, dünnen Stoff, Gummiringe, starkes Garn, Klarlack, einen Knopf, 50 cm Perlonfaden, ein 20 cm langes Rundholz. Schneide aus der Dose den Deckel und Boden heraus. Spanne mit Hilfe der Gummiringe den Stoff als Membran auf eine Öffnung. Bestreiche ihn zwei- bis dreimal mit Klarlack. Befestige den Knopf am Ende des Perlonfadens und ziehe den Faden mit einer Nadel von innen nach außen durch die Membran. Kerbe das Rundholz ein. Bringe den Perlonfaden mit einer Schlinge am Rundholz an und reibe die Kerbe und Schlinge kräftig mit Geigenharz ein. Schnelle Drehungen spannen den Faden. Das klebrige Harz behindert die Schlinge und lässt Schwingungen entstehen.

3 Verkürze das Akkusativobjekt schrittweise (vgl. Seite 56).

a *Er schenkte ihr zum Geburtstag einen mit Diamanten besetzten, kostbaren, bereits von seiner Großmutter vererbten Ring.*

b *Sie führten eine lange und engagierte, aber sachlich bleibende Diskussion.*

c *Musst du denn unbedingt so alte, verwaschene und geflickte Jeans anziehen?*

4 Erweitere das Akkusativobjekt:

a *Er besitzt Bücher.*

b *Diesen Jungen schätzt sie / schätzt sie überhaupt nicht.*

c *Klaus sammelt Schallplatten.*

5 Bilde selbst Sätze mit einem Akkusativobjekt, das du schrittweise vergrößerst.

2.5.2 Das Dativobjekt

Im Satz

Ich | schenke | meiner Schwester | ein Fahrrad.

steht das Satzglied „meiner Schwester" im Dativ. Es zeigt, wem die Handlung sich zuwendet.

Das Satzglied, das im Dativ steht, heißt **Dativobjekt**.

So findest du das Dativobjekt:

Sie | schenkt | ihr | ein Auto.

Ersatzprobe:	*dem Sohn*
	ihm
Frage:	Wem schenkt sie ein Auto? – *ihr*

1 Bilde mit den folgenden Verben Sätze, die ein Dativobjekt enthalten. Rahme es ein.
schenken – geben – kaufen – glauben – vertrauen – wegnehmen – gehorchen – zuvorkommen

2 Erweitere in den Sätzen der Aufgabe 1 die Dativobjekte.

3 Schreibe den folgenden Text mit weitem Zeilenabstand ab. Bestimme die Dativobjekte durch Ersatzproben und Fragen:
Ein besonderer Coup gelang fünf jungen Männern aus Brasilien. Als Fallschirmspringer statteten sie einem ausverkauften Fußballstadion in Sao Paulo einen Besuch ab. Zehntausend Zuschauer applaudierten ihnen minutenlang. Unbehelligt sahen die fünf dem Schlagerfußballspiel zu. Erst später wurde den Veranstaltern der Schwindel klar.

4 Verkleinere die erweiterten Dativobjekte der folgenden Sätze schrittweise:
- **a** *Er konnte seinem alten, in Gesten und Reaktionen durch viele Jahre hindurch vertrauten Freund nicht mehr helfen.*
- **b** *Die Mutter verbot schließlich ihrer zwar fast erwachsenen, aber in ihren Entscheidungen aufgrund ihrer Unerfahrenheit doch noch ziemlich unsicheren Tochter den weiteren Besuch dieses Jugendklubs.*
- **c** *Diesem trotz harter Schicksalsschläge noch so freundlichen, den Problemen der Jugend gegenüber aufgeschlossenen Herrn gebührt Respekt.*

2.5.3 Das Genitivobjekt

Genitivobjekte, also selbstständige Satzglieder im Genitiv, kommen heute nur noch selten vor:

Wir	*gedenken*	*unserer Toten.*

Er	*harrte*	*seines Bruders.*

1 Prädikate mit den Verben
sich rühmen – bedürfen – sich erinnern – sich vergewissern – sich entledigen – sich bemächtigen – sich erwehren
kann ein Genitivobjekt ergänzen. Probiere es in Sätzen aus.

2 Wie drücken wir uns eher aus? Formuliere deine Sätze entsprechend um.

3 Das Genitivobjekt wird noch in einigen stehenden Wendungen benutzt:
seines Amtes walten – sich eines Besseren besinnen – sich seiner Haut wehren – jeder Grundlage entbehren
Bilde mit diesen Ausdrücken Sätze und unterstreiche das Genitivobjekt farbig.

4 *Die Mutter des Kindes ...*
Die Farbe seiner Augen ...
Alle Kinder des Ortes ...
Nur die Schüler dieser Klasse ...
Bilde Sätze, in denen du diese Formulierungen als Satzglieder verwendest. Überprüfe dann durch Umstellproben, weshalb hier der Genitiv nicht als „Objekt" zu bezeichnen ist. (Vgl. auch den Abschnitt „Attribut", S. 71 ff.)

2.5.4 Der Gleichsetzungsnominativ

Mein Onkel	*ist*	*Dachdecker.*

Dachdecker	*ist*	*mein Onkel.*

Das Subjekt „mein Onkel" und das Satzglied „Dachdecker" werden durch das Prädikat „ist" einander gleichgesetzt. Man nennt dieses Satzglied **Gleichsetzungsnominativ**.

1 Stelle in den folgenden Sätzen den Gleichsetzungsnominativ fest. (In Zweifelsfällen kannst du das Subjekt durch die Infinitivprobe ermitteln und so als Gleichsetzungsnominativ ausschließen.)

a *Ich hoffe, er bleibt auch in Zukunft mein Freund.*

b *Nach allem, was ich gehört habe, besteht kein Zweifel darüber, dass Otto mein Onkel ist.*

c *Das ist überhaupt die wichtigste Frage!*
d *Ärztin wird meine Schwester, nicht Lehrerin.*

2 Finde selbst fünf Sätze mit Gleichsetzungsnominativen.

2.5.5 Der Gleichsetzungsakkusativ

Er	*nannte*	*ihn*	*einen Lügner.*

Einen Lügner	*nannte*	*er*	*ihn.*

Das Satzglied „einen Lügner" steht wie das Akkusativobjekt „ihn" im Akkusativ. Es wird mit dem Akkusativobjekt gleichgesetzt und heißt deshalb **Gleichsetzungsakkusativ**.

1 Schreibe die folgenden Sätze ab und rahme den Gleichsetzungsakkusativ ein:
a *Ich nenne ihn einen armen Teufel.*
b *Er nimmt es als Entschuldigung an.*
c *Sie betrachtet ihn als ihren Freund.*
d *Ein solches Buch benutzt man gern als Ratgeber.*

2 Bilde selbst Sätze, in denen ein Gleichsetzungsakkusativ vorkommt. Die Verben *schätzen – kennen – nehmen – benutzen – bezeichnen* und das Wort „als" bieten sich dazu an.

2.5.6 Das Präpositionalobjekt

Manche Verben fordern Objekte, die mit einer Präposition (vgl. S. 63) gebildet werden:

Pauline	*kümmert sich*	*um ihre Katze.*
Theo	*fürchtet sich*	*vor seinem Chef.*
Die Eltern	*achten*	*auf ihre Gesundheit.*

Ein solches Objekt, das mit einer Präposition gebildet wird, heißt **Präpositionalobjekt**. Präpositionalobjekte ergänzen die Verbaussage. Die Präposition ist nicht durch eine andere ersetzbar. Das Satzglied muss mit der Präposition erfragt werden.

Ich	*komme*	*mit meinen Brüdern.*

Ersatzprobe: *mit meinem Bruder*
mit ihm

Frage: Mit wem komme ich? – *mit meinen Brüdern*

1 Bilde mit den folgenden Verben Sätze:
an etwas verzweifeln – auf jemanden vertrauen – sich für etwas einsetzen – über etwas schimpfen – an jemanden denken

2 Suche weitere 15 Verben, die ein Präpositionalobjekt bei sich haben können.

3 Verwende auch diese Verben in Sätzen.

2.6 Das Adverbiale/die adverbiale Bestimmung

Präpositionen sind oft auch Bestandteil eines weiteren Satzglieds, des **Adverbiales**/der **adverbialen Bestimmung** (Umstandsbestimmung).

Um genau anzugeben, wo sich die Maus jeweils befindet, benutzt du **Präpositionen**:

in *unter* *auf* *hinter* *vor* *neben*

Präpositionen gehören der Wortart nach zu den Unflektierbaren (vgl. S. 44). Sie werden mit einem Substantiv/Nomen oder einem Pronomen zu einem festen Block, einem **Präpositionalgefüge**, verbunden.

Im Unterschied zum Präpositionalobjekt (S. 61 f.) bezeichnen die mit einer Präposition gebildeten **Adverbialien** räumliche, zeitliche oder logische Beziehungen/Verhältnisse:

Die Sportler kamen

in das Stadion	Wohin?
um neun Uhr	Wann?
mit Siegesgewissheit	Wie?
wegen des Wettkampfes	Warum?

Dies sind die wichtigsten Präpositionen. Sie kennzeichnen eine Beziehung als

lokal (Raum, Ort)		**temporal** (Zeit)	**modal** (Art und Weise)	**kausal** (Grund, Folge, Zweck)	
an	*in*	*binnen*	*außer*	*angesichts*	*laut*
auf	*hinter*	*für*	*einschließlich*	*anlässlich*	*mangels*
aus	*nach*	*gegen*	*gegen*	*dank*	*trotz*
bei	*unterhalb*	*nach*	*gemäß*	*für*	*zwecks*
vor	*unfern*	*seit*	*mit*	*infolge*	*wegen*
nahe	*unweit*	*bis*	*ohne*	*kraft*	*von*
neben	*zwischen*	*während*	*statt (anstatt)*		
durch	*außerhalb*	*von ... an*	*wider*		
über	*diesseits*	*um*	*zuzüglich*		
unter	*jenseits*		*bis an / auf / zu*		

1 Im folgenden Text findest du viele Satzglieder, die durch eine Präposition eingeleitet werden.
Schreibe den Text mit weitem Zeilenabstand ab und rahme diese Satzglieder ein.

Im ganzen 18. Jahrhundert hat es keinen so kalten Winter gegeben wie 1788/89. In Frankreich fällt das Thermometer auf die niedrigsten Temperaturen seit Menschengedenken. Damit die Armen sich wärmen können, werden in Paris auf den Straßen Holzstapel angezündet. An den Bäckerläden warten schon vor Sonnenaufgang blasse Frauen und frierende Kinder in langen Schlangen. Bei den Bauern auf dem Lande wütet die Hungersnot fast noch schlimmer. Die Ernte ist wegen Dürre und Hagelschlags nur mager ausgefallen. Außerhalb der Hauptstadt liegt das Versailler Königsschloss. In ihm ist dagegen von der Not nichts zu spüren. In den hell erleuchteten Sälen werden von den Adligen fröhliche Feste gefeiert.

2 Schreibe unter jedes eingerahmte Satzglied, was es dir mitteilt:
Im ganzen 18. Jahrhundert *hat es keinen so kalten Winter gegeben ...*
Wann es gewesen ist.

Die durch Präpositionen eingeleiteten Satzglieder sind durch einen Kasus bestimmt, der von der jeweiligen Präposition abhängt:
bei dem Bauern = Dativ
gegen den König = Akkusativ
trotz des Hungers = Genitiv

3 Bestimme jeweils den Fall der durch Präpositionen eingeleiteten Satzglieder im Text der Aufgabe 1.
Führe im Zweifelsfall Ersatzproben durch (s. S. 41) oder ermittle den Kasus durch Fragen (s. S. 40).

bei den Bauern ➤ *bei dem Bauern* } Dativ
bei wem? ➤ *bei den Bauern* }

Der folgende Satz enthält mehrere Präpositionalgefüge als Adverbialien/adverbiale Bestimmungen:

Ein Lastwagen ist [durch ein Versehen des Fahrers] [am Montagabend] [im Rückwärtsgang] [gegen einen Laternenmast] gefahren.

Die Ersatzprobe zeigt, dass du jedes dieser Präpositionalgefüge durch ein einzelnes Wort ersetzen kannst:

Ein Lastwagen ist [durch ein Versehen des Fahrers] [am Montagabend]
deshalb *abends*
[im Rückwärtsgang] [gegen einen Laternenmast] gefahren.
rückwärts *dagegen*

Die Wörter
deshalb – abends – rückwärts – dagegen
sind **Adverbien**. Man kann ihre Form nicht verändern, sie gehören also zu den Unflektierbaren (vgl. S. 44).

Auch Adverbien in der Rolle von Satzgliedern heißen **Adverbiale** oder **adverbiale Bestimmung**.

Die Funktion Adverbiale/adverbiale Bestimmung können auch **Adjektive** (s. S. 42 f.) übernehmen. (Sie werden dann wie Adverbien benutzt, bleiben der Wortart nach aber Adjektive.)
Die Kinder singen fröhlich.

Adverbialien/adverbiale Bestimmungen geben Auskunft über den Ort, die Zeit, die Art und Weise und den Grund eines Geschehens. Außer dem Grund im engeren Sinne kann man mit Adverbialien auch weitere Umstände eines Geschehens verdeutlichen: die Bedingung, die Absicht / den Zweck, die Folge und die Einräumung / den Gegengrund.

Du hast bereits in Aufgabe 2 (S. 63) gesehen, dass man die verschiedenen Adverbialien/adverbialen Bestimmungen erfragen kann:

lokales Adverbiale (Ort) = wo? wohin? woher? wie weit?
temporales Adverbiale (Zeit) = wann? wie lange? seit/bis wann? wie oft?
modales Adverbiale (Art und Weise) = wie? auf welche Weise? mit welchem Mittel?
kausales Adverbiale (Grund) = weshalb? warum? wodurch? wieso?
konditionales Adverbiale (Bedingung) = in welchem Fall? unter welcher Bedingung?
finales Adverbiale (Absicht/Zweck) = in welcher Absicht? zu welchem Zweck?
konsekutives Adverbiale (Folge) = mit welchem Ergebnis? mit welcher Wirkung?
konzessives Adverbiale (Gegengrund/Einräumung) = trotz welchen Umstands?

4 Schreibe die folgenden Sätze ab und unterstreiche die Adverbien / Adjektive in der Rolle von Adverbialien:

a *Sie hätte beinahe vergessen, diese Rechnung rechtzeitig mit einem Scheck zu bezahlen.*
b *In den Ferien fahren wir endlich zur Erholung ans Meer. Bei schönem Wetter werde ich immer draußen sein.*
c *Abends tat es ihm leid, dass sie stundenlang vergeblich auf ihn gewartet hatte.*
d *Plötzlich hörten wir von draußen gellende Hilferufe.*
e *Einmal hatten wir eine Katze, die häufig die Erde unserer Topfblumen durchwühlte. Trotz dieser Unart mochten wir sie sehr.*
f *Empört sprang der Junge auf und schrie: „Diese Diskussion ist ja zum Davonlaufen!“*

5 Ordne diese Adverbialien in eine Tabelle nach folgendem Muster ein. Bestimme sie mit Hilfe der Fragen.

lokales Adverbiale	temporales Adverbiale	modales Adverbiale	kausales Adverbiale
...	...	...	...

konditionales Adverbiale	finales Adverbiale	konsekutives Adverbiale	konzessives Adverbiale
...	...	...	...

6 Die Sätze in Aufgabe 4 enthalten auch Präpositionalgefüge in der Rolle von Adverbialien. Unterstreiche sie und ordne sie ebenfalls in die Tabelle ein.

7 Ordne auch die folgenden Adverbialien in die Tabelle ein. (Beachte, dass es sich nicht in allen Fällen um Adverbien/ Adjektive oder Präpositionalgefüge handelt.)
andernfalls – hier – in die Stadt – innen – nächstes Jahr – bis zum Fluss – mit Eifer – nämlich – unter dem Schrank – wegen Krankheit – zum besseren Verständnis – darum – trotz des schlechten Wetters – überall – gern – seit/bis heute – mit einem Messer – frohen Mutes – deshalb – aus Neugierde – fast – aus dem Wald – rechts – jeden Sonntag – trotzdem – entgegen unserer Erwartung – dazu – zur allgemeinen Freude – schon – infolge eines Unfalls – nirgends – unter diesen Umständen – nun – auf seinen Rat hin – doch – drei Tage lang – anders – sogar – eines Morgens

8 Schreibe den Witz ab und unterstreiche alle Adverbialien:
Ein Schweinchen ist allein im Haus. Es guckt sich alles genau an. Plötzlich bleibt es vor einer Steckdose stehen und guckt nach oben, unten, rechts und links. Schließlich fragt es mitleidig: „Haben sie dich eingemauert?“

2.6.1 Präpositionalobjekt oder Adverbiale?

So kannst du feststellen, ob es sich um ein Präpositionalobjekt oder um ein Adverbiale/eine adverbiale Bestimmung handelt.

Diese Übersicht zeigt dir noch einmal die wesentlichen Unterschiede:

Ein Präpositionalobjekt	**Ein Adverbiale**
ergänzt die Verbaussage: *Ich warte auf einen Freund.*	erläutert die Umstände des Geschehens: *Ich warte auf dem Parkplatz.*
Die Präposition ist nicht ersetzbar: *Ich warte auf dich.*	ist durch ein einzelnes Wort ersetzbar: *Ich warte dort.*
muss mit der Präposition erfragt werden: *Auf wen warte ich?*	kann mit Fragewörtern erfragt werden: *Wo warte ich?*

1 Schreibe die folgenden Sätze ab und unterstreiche die Präpositionalobjekte blau, die mit einer Präposition gebildeten Adverbialien rot:

- **a** *An diesem Abend war Thomas sehr müde und er sah nicht einmal mehr nach seinem Hamster.*
- **b** *Sie warf das Heft vor Wut an die Wand.*
- **c** *Die Sonne kam an vielen Tagen überhaupt nicht durch die Wolken.*
- **d** *Er arbeitete mit großer Sorgfalt an einem Modellflugzeug.*
- **e** *Nach jeder Pause müssen die Schüler das Papier auf dem Schulhof einsammeln.*
- **f** *Während der Klassenarbeiten ist jede Unterhaltung verboten.*
- **g** *Meine Eltern besitzen seit vielen Jahren ein Wochenendhaus im Gebirge.*
- **h** *Trotz des Rotlichts raste ein Auto mit hoher Geschwindigkeit über die Kreuzung.*
- **i** *Wegen ihres heiteren Wesens verstand sie sich mit allen Klassenkameraden gut.*
- **j** *In den kommenden Ferien will sie sich im Skilaufen verbessern.*

2 Schreibe die Adverbialien heraus und ordne sie:
lokale (3); temporale (6); modale (2); kausale (2); konzessive (1).

3 Bilde kurze Sätze, in denen die gleiche Präposition einmal ein Adverbiale, einmal ein Präpositionalobjekt einleitet:

Er kam an diesem Tag. – Er dachte an seinen Freund.
Sie kam um acht Uhr. – Sie kümmerte sich um ihr Kind.

2.7 Die Satzglieder im Überblick

1 In den folgenden Sätzen sollst du nun einmal alle Satzglieder bestimmen. Ermittle sie zunächst durch die Umstellprobe.

a *Bald nach seiner Rückkehr aus dem Urlaub erhielt er durch die Empfehlung seines Freundes eine neue Arbeitsstelle.*

b *Nach einer heftigen Diskussion erlauben die Eltern schließlich der Tochter den Besuch der Party.*

c *Fünf Millionen Menschen in Deutschland sahen bis jetzt diesen Film.*

d *Der Jazz entwickelte sich vornehmlich aus dem Blues der amerikanischen Negersklaven.*

2 Die folgende Tabelle zeigt dir
- die Bezeichnung aller möglichen Satzglieder (abgekürzt SG),
- ein Beispiel,
- die Bestimmungsverfahren und Erkennungsmerkmale des jeweiligen Satzgliedes,
- die Seitenzahl, wo du die ausführliche Erklärung noch einmal nachlesen kannst.

Formuliere zu jedem der Satzglieder zwei weitere Beispielsätze.

Bezeichnung und Beispiel	**Bestimmungsverfahren**	**Erkennungsmerkmal(e)**
PRÄDIKAT *Gestern* *landete* *pünktlich die Raumfähre.* *Die Astronauten* *stiegen* *erschöpft* *aus.*	**Umstellprobe** *Gestern* *landete* *pünktlich die Raumfähre.* *Pünktlich* *landete* *gestern die Raumfähre.* *Die Astronauten* *stiegen* *erschöpft* *aus.* *Erschöpft* *stiegen* *die Astronauten* *aus.*	SG steht an der zweiten Satzgliedstelle. (s. Seite 50 f.) SG steht an der zweiten und letzten Satzgliedstelle (= Prädikatsklammer, s. Seite 51).

Bezeichnung und Beispiel	Bestimmungsverfahren	Erkennungsmerkmal(e)
SUBJEKT *Die Tante konnte ohne Brille nicht lesen.*	**Infinitivprobe** *lesen können:* *ohne Brille nicht lesen können* *die Tante* Kasusbestimmung durch **a) Ersatzprobe** *die Tante* *der Onkel* } *er* } **b) Frage vom Geschehen her:** *Wer?* *Wer konnte ohne Brille nicht lesen?* *die Tante*	SG wird bei der Infinitivprobe nicht miterfasst. SG steht im Nominativ. Kein Kasuskennzeichen. (s. Seite 53 f.)
AKKUSATIVOBJEKT *Max ärgert seine Schwester.* *Schnell wechselte er das Ventil.*	Kasusbestimmung durch **a) Ersatzprobe** *Max ärgert seine Schwester.* *seinen Bruder* } *ihn* } **b) Frage vom Geschehen her:** *Wen?* *Wen ärgert Max?* *seine Schwester* **a) Ersatzprobe** *Schnell wechselte er das Ventil.* *den Reifen* } *ihn* } **b) Frage vom Geschehen her:** *Was?* *Was wechselte er schnell?* *das Ventil*	SG steht im Akkusativ. Kasuskennzeichen n (s. S. 57)
DATIVOBJEKT *Dieser Fehler passierte der Lehrerin.*	Kasusbestimmung durch **a) Ersatzprobe** *Dieser Fehler passierte der Lehrerin.* *dem Lehrer* } *ihm* } **b) Frage vom Geschehen her:** *Wem?* *Wem passierte dieser Fehler?* *der Lehrerin*	SG steht im Dativ. Kasuskennzeichen m (s. S. 59)

Bezeichnung und Beispiel	Bestimmungsverfahren	Erkennungsmerkmal(e)
GENITIVOBJEKT *Man bezichtigte ihn der Mitwisserschaft.*	Kasusbestimmung durch **a) Ersatzprobe** *Man bezichtigte ihn der Mitwisserschaft.* *des Mordes* *des Diebstahls* **b) Frage vom Geschehen her:** *Wessen?* *Wessen bezichtigte man ihn?* *der Mitwisserschaft*	SG steht im Genitiv. Kasuskennzeichen s (s. S. 60)
GLEICHSETZUNGSNOMINATIV *Klaus ist mein Bruder.*	Kasusbestimmung durch **a) Frage vom Geschehen her:** *Wer?* *Wer ist Klaus?* *mein Bruder* **b) Infinitivprobe** *sein:* *mein Bruder sein* (*Klaus* = Subjekt)	SG steht im Nominativ wie das Subjekt. Prädikat des Satzes ist eine Form von „sein", „werden" oder „bleiben". SG ergänzt das Prädikat. (s. S. 60)
GLEICHSETZUNGSAKKUSATIV *Sie betrachtet ihn als ihren Freund.*	Kasusbestimmung s. Akkusativobjekt	SG steht im Akkusativ und wird mit dem Akkusativobjekt gleichgesetzt. (s. S. 61)
PRÄPOSITIONALOBJEKT *Anna schreibt an ihren Freund.*	**Umstellprobe** *Anna schreibt an ihren Freund.* *An ihren Freund schreibt Anna.* **Ersatzprobe** *An ihren Freund schreibt Anna.* *An ihren Bruder* *An ihn* **Frage vom Geschehen her:** *an wen?* *An wen schreibt Anna?* *an ihren Freund*	SG wird durch eine Präposition eingeleitet. Die Präposition ist nicht ersetzbar. SG muss mit der Präposition erfragt werden. (s. Seite 61)

Bezeichnung und Beispiel	Bestimmungsverfahren	Erkennungsmerkmal(e)
ADVERBIALE/ ADVERBIALE BESTIMMUNG	**Umstellprobe**	
Anna sitzt an ihrem Schreibtisch.	*Anna sitzt an ihrem Schreibtisch.* *An ihrem Schreibtisch sitzt Anna.*	SG wird durch eine Präposition eingeleitet.
	Ersatzprobe *An ihrem Schreibtisch sitzt Anna.* *Dort*	SG kann durch ein Wort ersetzt werden.
	Frage vom Geschehen her *Wo sitzt Anna?* *an ihrem Schreibtisch*	SG kann mit einem Fragewort erfragt werden.
Ich möchte dich bald wiedersehen.	**Umstellprobe** *Ich möchte dich bald wiedersehen.* *Bald möchte ich dich wiedersehen.*	SG besteht aus einem Wort, dessen Form nicht verändert werden kann.
	Frage vom Geschehen her *Wann möchte ich dich wiedersehen?* *bald*	SG kann mit einem Fragewort erfragt werden. (s. Seite 62 ff.)

Test: Satzglieder

Bestimme die unterstrichenen Satzglieder des folgenden Textes. Deine Lösung ist richtig, wenn jedes Satzglied der Tabelle auf den Seiten 67 ff. einmal vorkommt.

EIN GEFÄHRLICHER BERUF?

Aus Western und Kriminalfilmen kennt man viele Schauspieler <u>als besonders wagemutige Helden</u>. Doch der eigentlich Mutige ist oft <u>ein „Stuntman“</u>. In gefährlichen Filmszenen tritt er stellvertretend für den Schauspieler in Aktion. Stuntmen sind <u>auf bestimmte Bereiche</u> spezialisiert. Manche arbeiten nur bei Feuer-Filmszenen mit, andere spielen Schlägereien oder sie vollführen <u>artistische Höchstleistungen, wie Sprünge von Dächern und Brücken</u>. Sogar <u>das Herumklettern auf den Tragflächen eines Flugzeugs</u> wird von ihnen ausgeführt. Natürlich bedürfen solche tollkühnen Aktionen <u>sorgfältiger Vorbereitung</u>. Wenn z. B. ein Autounfall <u>dargestellt werden soll</u>, wird ein Gebrauchtwagen entsprechend umgebaut. Um zu verhindern, dass das Auto beim Überschlag in Brand gerät, kommt an die Stelle des Benzintanks ein weicher Plastikbehälter, der nur vier bis fünf Liter Benzin fasst. <u>Während der Durchführung des Film-„Unfalls“</u>, des „Stunts“, darf <u>dem trainierten Fahrer</u> kein Fehler unterlaufen, sonst wären sein eigenes und das Leben des Filmteams gefährdet.

2.8 Das Attribut

Du hast gesehen, dass du Satzglieder größer und kleiner machen kannst (vgl. die Seiten 55 f., 58 f.). Die Wörter, die du bei der Weglassprobe nicht mehr wegstreichen kannst, bilden den Kern eines Satzgliedes.

Die Teile, die man einem Satzglied hinzufügen oder von ihm wegstreichen kann, nennt man **Attribute** (Beifügungen). Sie haben die Aufgabe, noch etwas mehr über die Wörter auszusagen, auf die sie sich beziehen. Ein Attribut ist also kein Satzglied, sondern ein Satzgliedteil.

Es gibt folgende Möglichkeiten, Attribute zu bilden:

Adjektive und Adverbien als Attribut:

Der ↓ *waghalsige* *Kletterer*	*beachtete*	*keine* ↓ *noch so eindringliche* *Warnung.*

Substantive/Nomen als Attribut:

Der Vater meines Freundes	*sammelt*	*Mineralien.*	**Genitivattribut**
Der Baum an der Ecke	*soll*	*gefällt werden.*	**Präpositionalattribut**
Am 15. Juli, einem Freitag,	*beginnen*	*die Ferien.*	**Apposition**

Sätze als Attribut:

Flaschen aus Glas | bitte sammeln! – *Flaschen, die aus Glas sind, | bitte sammeln!*

Das Haus meiner Tante | ist baufällig. – *Das Haus, in dem meine Tante wohnt, | ist baufällig.*

Das Kästchen mit der Perle | war aus Gold. – *Das Kästchen, worin die Perle lag, | war aus Gold.*

Attributsätze sind in der Regel **Relativsätze**. Sie werdendurch **Relativpronomen** *(der – welcher – was ...)* oder durch **Relativadverbien** (Zusammensetzungen mit „wo") eingeleitet, vor denen manchmal auch noch eine Präposition stehen kann. Relativsätze als Attributsätze beziehen sich in der Regel auf ein Substantiv/Nomen im Hauptsatz. Ein **Relativsatz** wird durch Kommas abgetrennt (vgl. S. 96).

1 Suche zu jeder Möglichkeit, Attribute zu bilden, drei Beispiele. Markiere die Attribute farbig.

2 Wenn du selbst Relativsätze bildest, musst du darauf achten, dass sie möglichst eng an das Bezugswort angeschlossen werden. Es kann sonst zu Unklarheiten kommen, die – ungewollt – komisch wirken:
Wir bieten eine Wohnung für eine Familie, die frisch gestrichen ist.

Stelle zunächst das richtige Bezugswort fest und berichtige dann die folgenden Sätze:
a *Sie kaufte eine Hose für ihre Tochter, die modisch geschnitten war.*
b *Klaus stellt das Buch in das Regal zurück, das äußerst langweilig ist.*
c *Die Gastgeberin betrat den Raum ohne ihren Mann, der festlich erleuchtet war.*

3 Schreibe den Text ab und unterstreiche alle Attribute:
Nach den wenigen Regenfällen, besonders im Winter, werden die Berge des Sinai zu einem gewaltigen Auffangbecken. Die sintflutartig niedergehenden Güsse können im harten, felsigen Boden nicht versickern. Sie vereinigen sich in den vielfach miteinander verbundenen Wadis zu Fluten katastrophalen Ausmaßes. Die im Sinai lebenden Beduinen legen, sich der Gefahr bewusst, bei starken Wolkenbildungen ihr Ohr auf den Boden, hören so die herannahende Flutwelle und verlassen schleunigst die Wadis, die sonst als Weideplätze für ihre Ziegenherden begehrt sind.

4 Forme die Attribute zu Relativsätzen um:
a *Nicht unterschriebene Fahrausweise sind ungültig.*
b *Den ausgedruckten Betrag bezahlen Sie bitte an der Kasse.*
c *Die vor drei Wochen aus der Bücherei entliehenen Bücher muss ich unbedingt zurückbringen.*
d *Das Bild dort drüben gefällt mir am besten.*
e *Von allen Geschenken habe ich mich über den zwar schon älteren, aber immer noch einwandfrei funktionierenden Fotoapparat am meisten gefreut.*
f *Die von meinem Bruder gemachten Fotos sind alle unscharf.*

5 Erweitere durch Attribute oder durch Relativsätze:
Ein Bauer hinterließ seiner Frau einen Ochsen. – Ein Herr betrat den Raum. – Er hatte an jedem etwas auszusetzen. – An Sommertagen gehen wir ins Schwimmbad. – Das Mädchen mit den Zöpfen stand schon wieder dort. – An der Südseite blühen schon Frühlingsblumen. – Die Vogelgruppe nennt man „Zugvögel“. – Die Besucher flohen vor dem Regen in das Haus. – Nach dem Dienst geht sie in den Computerkurs.

6 Verwende diese Einleitewörter in Relativsätzen:
der – welche – welcher – worauf – worunter – worüber – deren – womit – dessen – denen – woraus – was – die – wo – wohin – das – wie – wer

- Manchmal kannst du einen Text durch Attribute besonders spannend machen, weil du so die Mitteilung einer wichtigen Information für den Leser verzögerst:
Der Mann, der einen braunen Hut und eine völlig unmoderne Jacke trug, ist schließlich in den Rolls, der einige Meter von der Bank entfernt geparkt war, eingestiegen.

Eine andere Möglichkeit ist die Steigerung der Genauigkeit von Informationen:
Das rote Feuerzeug, etwa von der Farbe reifer Himbeeren, lag in seiner Hand.
so leuchtend wie ihr Haar,
abgegriffen und stumpf,

Test: Das Attribut

Übertrage den Text „Der Bauer und der Knecht“ in dein Heft und unterstreiche
Adjektivattribute (12): schwarz
Genitiv- (2) und Präpositionalattribute (3): rot
Attribut-/Relativsätze (7): grün

Der Bauer und der Knecht

Es war einmal ein geiziger, schlauer Bauer, der seine Knechte vom Morgen bis in die Nacht arbeiten ließ. Dabei gab er ihnen nur ein einziges Mal am Tage zu essen. Das ging so zu: Morgens gab der Bauer dem Knecht das Frühstück, wovon er ihm aber nicht mehr vorsetzte, als auf einer Mückennase Platz hat. Das verzehrte der hungrige Knecht, der gar nichts in seinem Magen verspürte. „Vielleicht willst du gleichzeitig Mittag essen?“, fragte der listige Bauer daraufhin. „Dann brauchst du auf dem weiten Weg zum Feld nichts mitzuschleppen.“ – „Gut“, willigte der Knecht, welchem sein Magen keine Wahl ließ, ein. Und hatte er das verzehrt, fragte der Bauer wieder: „Willst du vielleicht auch gleich zu Abend essen? Dann verlierst du nach Beendigung deiner Arbeit keine Zeit und kannst sofort zu Bett gehen.“ – „Ja, gib mir auch das Abendessen“, sagte der immer noch hungrige Knecht, verzehrte es, arbeitete den ganzen Tag über und ging hungrig zu Bett. So arbeiteten bei dem geizigen Bauern viele Knechte, von denen aber keiner dieses Leben länger als eine Woche aushielt. Doch einmal fand sich einer, der den Bauern überlistete. Er frühstückte, aß zu Mittag und zu Abend und sagte dann: „Und nun zeige mir die Kammer, wo ich schlafen kann.“ – „Wieso schlafen?“, fragte der erstaunte Bauer. „Draußen im Stall wartet Arbeit auf dich!“ – „Bist du von Sinnen?“, versetzte der Knecht. „Wo hätte man je erlebt, dass anständige Leute nach dem Abendessen zur Arbeit gehen? Nein, nach dem Abendessen gehört man ins Bett!“ Und er streckte sich auf dem Sofa des Bauern lang aus und schnarchte, dass man es weithin hörte.

2.9 Satzverknüpfungen

Sätze können auf verschiedene Weise miteinander verknüpft werden. Die beiden Sätze
Sie setzten die Segel. *Das Schiff konnte sofort Fahrt aufnehmen.*
können zu einer Satzreihe oder zu einem Satzgefüge verknüpft werden.

Satzreihe:

Sie setzten die Segel,	*das Schiff konnte sofort Fahrt aufnehmen.*
Hauptsatz	Hauptsatz

Sie setzten die Segel	*und das Schiff konnte sofort Fahrt aufnehmen.*
Hauptsatz	Hauptsatz

Sätze können mit oder ohne Verbindungswort zu einer **Satzreihe** verknüpft werden. Verbindungswörter können **nebenordnende Konjunktionen** oder **Adverbien** sein:
und – aber – oder – denn – sondern – trotzdem – dazu – entweder ... oder – deshalb – sonst – (so)wie – sowohl ... als (auch) – allein – nur – (je)doch – auch – dennoch – inzwischen – vorher ...

Die so verknüpften Sätze bleiben selbstständig; es sind **Hauptsätze**. Sie werden nur dann durch ein Komma voneinander getrennt, wenn der mit der nebenordnenden Konjunktion eingeleitete Satz etwas Gegenteiliges beschreibt (vgl. S. 97):
Sie setzten die Segel, aber das Schiff nahm keine Fahrt auf.

Satzgefüge:

Sie setzten die Segel,	*damit/wodurch das Schiff Fahrt aufnahm/aufnehmen konnte.*
Hauptsatz	Nebensatz

Durch **unterordnende Konjunktionen** und durch **Relativpronomen** oder **Relativadverbien** (s. S. 71) wie
weil – da – wenn – obwohl – dass – ob – als – insofern – während – nachdem – seitdem – bis – ehe; der – welche – was – worauf ...
werden Sätze zu **Satzgefügen** verknüpft.

Die so verknüpften Sätze werden durch ein Komma voneinander getrennt (vgl. S. 97). Der Satz, dessen Prädikat an der letzten Satzgliedstelle steht, heißt **Nebensatz**. (Beachte bei mehrteiligen Prädikaten: Im Nebensatz steht die Personalform des Verbs am Ende des Satzes, im Hauptsatz steht sie an der zweiten Satzgliedstelle.)

1 Verknüpfe folgende Satzpaare mit Hilfe passender Verbindungswörter zu Satzreihen und Satzgefügen; manchmal musst du einen der beiden Sätze umformen:

a *Ich habe regelmäßig trainiert. – Jetzt sehe ich den Erfolg.*

b *Du räumst dein Zimmer auf. – Du hilfst mir beim Spülen.*

c *Er rief mehrere Male an. – Er erreichte sie nicht.*

d *Ihr solltet uns helfen. – Wir schaffen die Arbeit nicht alleine.*

e *Mach bitte das Licht aus. – Ich kann nicht schlafen.*

f *Sie muss dafür sorgen. – Sie ist zur Klassensprecherin gewählt worden.*

g *In den Ferien regnete es häufig. – Wir haben uns gut erholt.*

h *Peter interessiert sich nicht nur für Klassik. – Er hört auch gerne Pop-Musik.*

2 Unterstreiche in jeder Satzverknüpfung der Aufgabe 1 die Prädikate. Kennzeichne entstandene Satzreihen mit „SR“, Satzgefüge mit „SG“.

In einer Satzreihe kann man wiederkehrende Satzteile entweder weglassen oder durch Pronomen ersetzen. Es entsteht ein **zusammengezogener Satz:**

Sie lieh sich ein Buch aus. *Sie las das Buch erst nach einiger Zeit.* *Sie vergaß beinahe, das Buch zurückzugeben.*	*Sie lieh sich ein Buch aus,* *las es erst nach einiger Zeit und* *vergaß beinahe, es zurückzugeben.*

3 Bilde zusammengezogene Sätze:

a *Sie sammelte viele Pflanzen. Sie trocknete und presste die Pflanzen sorgfältig. Sie klebte die Pflanzen anschließend in ein Album. Sie bezeichnete die Pflanzen mit ihrem botanischen Namen.*

b *Er kaufte sich einen Hund. Er wollte den Hund zum Wachhund abrichten lassen. Er brachte den Hund deshalb zu einem geschulten Trainer.*

c *Er reparierte sein Fahrrad. Er putzte es gründlich. Er wollte sein Fahrrad verkaufen. Er fand aber für sein Fahrrad keinen Käufer.*

4 Denke dir ähnliche Sätze aus und bitte deinen Partner, sie zusammenzuziehen.

5 Wie lauten in den folgenden Sätzen die Ausgangssätze, die hier zu einem Satz zusammengezogen wurden?

a *Sie suchte die Wolle aus, kaufte davon die entsprechende Menge und strickte damit einen Pullover.*

b *Er baute ein Schiffsmodell, bemalte es genau nach der Vorlage, trug es zum nahe gelegenen See und wagte dann aber doch nicht, es schwimmen zu lassen.*

c *Er sortierte alle verfügbaren Comic-Hefte, bündelte sie nach Jahrgängen und machte damit auf dem Flohmarkt einen Stand auf.*

Test: Satzverknüpfungen

Beachte bei den folgenden Aufgaben
– die Kommaregeln,
– die Möglichkeit, wiederkehrende Satzteile durch Pronomen zu ersetzen.

1 Formuliere die folgenden Satzpaare als Satzreihen mit einem entsprechenden Verbindungswort:

a *Ute besucht einen Computerkurs. – Ute will Reisekauffrau werden.*

b *Der Zug traf pünktlich ein. – Wir begrüßten unseren Onkel herzlich.*

c *Du wäschst heute noch das Auto. – Du wirst in der nächsten Zeit auf das Auto verzichten müssen.*

d *Michael hat über die Lösung dieser Aufgabe zwei Stunden lang nachgedacht. – Michael hat die Lösung dieser Aufgabe nicht finden können.*

2 Formuliere die folgenden Satzpaare als Satzgefüge; unterstreiche im Nebensatz das Prädikat:

a *Karin übt Französisch. – Claudia bemalt Seidentücher.*

b *Zwei Stunden hatte Ulrich Zeit für diese Arbeit. – Ulrich wurde mit der Arbeit nicht fertig.*

c *Anne kann an der Klassenfahrt nicht teilnehmen. – Anne hat sich den Arm gebrochen.*

d *Du solltest nicht Tennis spielen. – Du solltest deine Hausaufgaben machen.*

♦ Die Möglichkeit, wiederkehrende Satzteile durch Pronomen oder auch durch Adverbien zu ersetzen, macht Texte flüssiger:

Die Autofahrerin fährt zur Tankstelle.
An der Tankstelle/Dort hält die Autofahrerin/sie an.
Die Autofahrerin/Sie entnimmt die Zapfpistole.
Die Autofahrerin/Sie füllt Benzin in einen Reservekanister.

Es ergibt sich jetzt folgender Text:

Die Autofahrerin fährt zur Tankstelle. Dort hält sie an, sie entnimmt die Zapfpistole, sie füllt Benzin in einen Reservekanister.

Um den Text noch zu verbessern, kannst du wiederkehrende Pronomen weglassen:

Die Autofahrerin fährt zur Tankstelle. Dort hält sie an, entnimmt die Zapfpistole und füllt Benzin in einen Reservekanister.

2.10 Haupt- und Gliedsatz (Nebensatz)

Satzglieder kannst du auch als Satz formulieren:

Ich stand | *morgens* | *fröhlich auf.*

↓

Ich stand, | *als der Morgen kam,* | *fröhlich auf.*

Der Abriss dieses Hauses | *war vorhersehbar.*

↓

Dass dieses Haus abgerissen würde, | *war vorhersehbar.*

An die Stelle eines **Satzgliedes** kann ein Satz treten. Wir nennen einen solchen Nebensatz **Gliedsatz**. Er wird in der Regel durch eine Konjunktion (s. S. 74), ein Relativpronomen oder Relativadverb (s. S. 71) eingeleitet und vom Hauptsatz durch ein Komma/durch Kommas abgetrennt (vgl. S. 97).

1 Ersetze in den folgenden Sätzen das unterstrichene Satzglied durch einen dieser Gliedsätze:
ohne dass sie sich aufregte – was die geplante Klassenfahrt kosten würde – als es Abend wurde – weil ich die Gefahren kenne – dass dieses Unternehmen aussichtslos war – wenn sie erzählte – welchen Beruf sie hatte – dass dieser Versuch gelingt
Denke beim Aufschreiben der Sätze daran, dass Haupt- und Gliedsatz durch ein Komma getrennt werden.

a *Abends ging er müde zu Bett.*
b *Bald musste sie die Aussichtslosigkeit des Unternehmens erkennen.*
c *Ich bezweifle aber das Gelingen dieses Versuchs.*
d *Für ihn hatte ihr Beruf keine Bedeutung.*
e *Die Eltern erkundigten sich nach den Kosten der geplanten Klassenfahrt.*
f *Sie sah diesem bedeutungsvollen Tag ohne Aufregung entgegen.*
g *Ich verbiete es dir wegen der Gefahren.*
h *Alle hörten ihren Erzählungen gerne zu.*

2 Forme in diesen Sätzen das unterstrichene Satzglied zu einem Gliedsatz um. Denke beim Aufschreiben der Satzgefüge an das Komma!

a *Vor dem Frühstück machen wir einen Waldlauf.*
b *Er war über ihre Absichten informiert worden.*
c *Das Fußballspiel musste wegen der schlechten Platzverhältnisse abgesagt werden.*
d *Ich erwarte von dir eine Entschuldigung.*
e *Nach dem Mittagessen traf sie ihre Freundin.*

f *Trotz des geringen Verdienstes nahm er die Stelle an.*
g *Das Ausmaß des Schadens steht noch nicht fest.*
h *Sie gingen nach der Schule sofort ins Schwimmbad.*

3 Hier sollst du es umgekehrt machen: Forme den Gliedsatz wieder zu einem Satzglied um.
a *Wer zuerst ankommt, erhält einen Preis.*
b *Ich hoffe, dass du mir einen Brief schreibst.*
c *Als der Morgen kam, brachen sie zu einer langen Wanderung auf.*
d *Nachdem sie die Fenster geschlossen hatte, ließ sie auch noch die Jalousien herunter.*
e *Er schickte, bevor er aus dem Urlaub zurückkam, ein Telegramm.*
f *Wir machten einen langen Spaziergang, obwohl es heftig regnete.*

4 Formuliere die unterstrichenen Satzglieder als Gliedsätze:
Ein Pfarrer bemerkt den ständigen Diebstahl von Äpfeln in seinem Garten. Also hängt er an den Baum ein Schild mit der Aufschrift: „Gott sieht alles!"
Am nächsten Morgen steht mit Kinderschrift darunter: „Aber er petzt nicht."

5 Formuliere auch hier die unterstrichenen Satzglieder als Gliedsätze:
Eine kilometerlange Autoschlange hat sich vor der geschlossenen Bahnschranke gebildet. Der aufgeregte Schrankenwärter läuft von einem Wagen zum anderen mit der Erklärung: „Meine Herrschaften, machen Sie sich auf eine längere Wartezeit gefasst. Soeben erhielten wir die Meldung von einer sechzigminütigen Zugverspätung."

2.10.1 Gliedsätze in der Rolle von Satzgliedern

Die Gliedsätze kann man nach der Aufgabe der Satzglieder, für die sie stehen, einteilen und bezeichnen.

Subjektsätze sind Gliedsätze, die die Stelle des Subjekts einnehmen.

Der Leser dieses Buches *kennt sich aus.*
Subjekt
↓
Wer dieses Buch gelesen hat, *kennt sich aus.*
Subjektsatz

Objektsätze nennt man die Gliedsätze, die ein Objekt ersetzen.

Sie liest *seinen Brief.*
Akkusativobjekt

↓

Sie liest, *was er geschrieben hat.*
Objektsatz

Man konnte *dem Raketenstart* *zusehen.*
Dativobjekt

↓

Man konnte zusehen, *wie die Rakete startete.*
Objektsatz

Diese Mannschaft rühmt sich *ihrer Unschlagbarkeit.*
Genitivobjekt

↓

Diese Mannschaft rühmt sich, *dass sie unschlagbar sei.*
Objektsatz

Ich habe *von einer Weltreise* *geträumt.*
Präpositionalobjekt

↓

Ich habe (davon) geträumt, *dass ich um die Welt reise.*
Objektsatz

Adverbialsätze treten an die Stelle von Adverbialien/adverbialen Bestimmungen.

Sie erkannte ihn *trotz der Dunkelheit.*
Adverbiale/adverbiale Bestimmung

↓

Sie erkannte ihn, *obwohl es dunkel war.*
Adverbialsatz

Bald *wird sich sein Zustand bessern.*
Adverbiale

↓

Wenn ein paar Tage vergangen sind, *wird sich sein Zustand bessern.*
Adverbialsatz

(Zur Zeichensetzung vgl. S. 97.)

1 Bestimme die unterstrichenen Satzglieder und drücke sie durch einen Gliedsatz aus:

a *Ich habe deine Anstrengungen gesehen.*
b *Er vergewisserte sich seines Sieges.*
c *Trotz ihrer leichten Verletzung hat sie im Wettkampf eine Chance.*
d *Seine Freundlichkeit machte ihr Mut.*
e *Ich kann bei dieser Hitze nicht arbeiten.*
f *Die Eltern waren mit seiner Berufswahl einverstanden.*
g *Könnte man doch seinen Beteuerungen glauben!*
h *Sie hatte aus Vorsicht geschwiegen.*

2 Welches Satzglied wird hier durch einen Gliedsatz ersetzt?

a *Sie fürchtet sich, während es dunkel ist.*
b *Ob er bald ankommt, ist zweifelhaft.*
c *Ich hoffe, dass sich deine Einstellung ändert.*
d *Wo ein Wille ist, ist auch ein Weg.*
e *Jeder wünscht sich, dass er erfolgreich ist.*
f *Er war darüber bestürzt, dass sie sich so ablehnend verhielt.*
g *Man konnte stundenlang zuhören, wenn sie von ihren Reisen berichtete.*
h *Wenn du mir nicht hilfst, werde ich das nicht schaffen.*

3 Bestimme in Aufgabe 1 von Seite 77 die unterstrichenen Satzglieder und bezeichne die Gliedsätze genau, die diese Satzglieder ersetzen können.

Test: Gliedsätze in der Rolle von Satzgliedern

Welches der folgenden Satzglieder ist in den Sätzen **a** bis **f** durch einen Gliedsatz ersetzt worden? Ordne richtig zu:
Subjekt – Dativobjekt – Akkusativobjekt – Genitivobjekt – Präpositionalobjekt – Adverbiale/adverbiale Bestimmung

a *Wer diese Übung fehlerfrei löst, ist ein guter Grammatikkenner.*
b *Fritz konnte stundenlang zusehen, wie die Kirmesbuden aufgebaut wurden.*
c *Als der Mond aufging, waren die Fischer bereits weit draußen auf der See.*
d *Zu Unrecht beschuldigte man ihn, dass er die Uhr gestohlen hatte.*
e *An seinem Computer findet er besonders faszinierend, dass er eigene Programme erstellen kann.*
f *Nach längerer Diskussion entscheidet sich die Klasse (dafür), dass sie eine Abschlussfahrt nach Wien macht.*

2.10.2 Inhaltliche Beziehungen zwischen Haupt- und Gliedsatz (Adverbialsatz)

Jemand berichtet:

Großvater machte viele Reisen. *Er war so einsam.*

Der Hörer/Leser weiß so noch nicht, in welchem Zusammenhang er diese beiden Aussagen verstehen soll, in welcher inhaltlichen Beziehung sie zueinander stehen. Es gibt dafür mehrere Möglichkeiten:

Großvater machte viele Reisen, *weil / obwohl / seit / bevor* *er so einsam war.*

Die inhaltliche Beziehung der beiden Ausgangssätze wird deutlich, wenn einer der beiden Sätze als Hauptsatz, der andere als Gliedsatz, hier als **Adverbialsatz**, geformt wird.

Hauptsatz und Adverbialsatz stehen in einer bestimmten inhaltlichen Beziehung zueinander. Um welche Beziehung es sich dabei handelt, kannst du an der Konjunktion erkennen, die die meisten Adverbialsätze einleitet. Man bezeichnet solche Gliedsätze deshalb auch als **Konjunktionalsätze**.

Haupt- und Adverbialsatz	**Beziehung**	**Bezeichnung des Adverbialsatzes**	**Konjunktion**
Weil es regnete, nahmen sie den Bus.	Grund	**Kausalsatz**	*weil – da ...*
Wenn es schneit, fahren wir Ski.	Bedingung	**Konditionalsatz**	*wenn – falls – sofern – soweit ...*
Sprich bitte etwas lauter, damit ich dich hören kann.	Absicht/Zweck	**Finalsatz**	*damit – dass – um zu ...*
Er hat so viel Geld, dass er das bezahlen kann.	Folge	**Konsekutivsatz**	*dass– sodass – als dass ...*
Er schaffte die Arbeit, obwohl er zu spät kam.	Gegengrund/ Einräumung	**Konzessivsatz**	*obwohl – obschon – wenn ... auch ...*
Mehrere Tage vergingen, ohne dass er anrief.	Art und Weise	**Modalsatz**	*indem – ohne dass – als ob ...*

Haupt- und Adverbialsatz	Beziehung	Bezeichnung des Adverbialsatzes	Konjunktion
	Zeitverhältnis:	**Temporalsatz**	
Während er frühstückte, *las er die Zeitung.*	gleichzeitig		*während – indem – solange – sooft – als – wenn ...*
Als er gefrühstückt hatte, *verließ er die Wohnung.*	vorzeitig		*nachdem – als – sobald – seit ...*
Ehe er die Haustür öffnete, *sah er in den Briefkasten.*	nachzeitig		*bis – bevor – ehe ...*
Ein Adverbialsatz wird nicht durch eine Konjunktion eingeleitet:			
Wo früher Häuser standen, *ist jetzt ein Stausee.*	Ort	**Lokalsatz**	Einleitewort: *wo – wohin – woher ...*

1 Bringe folgende Satzpaare in eine bestimmte inhaltliche Beziehung. Es gibt jeweils mehrere Möglichkeiten!

a *Christine fährt mit Vaters Auto. – Sie hat den Führerschein.*
b *Sie war glücklich. – Sie liebte diesen Mann.*
c *Die Schüler haben schulfrei. – Die Lehrer haben eine Konferenz.*
d *Der Sommer war vorüber. – Die Tage wurden merklich kürzer.*
e *Monika kauft sich ein neues Fahrrad. – Sie hat viel Geld.*

2 Schreibe die folgende Fabel ab und ergänze die fehlenden Konjunktionen:
Es war einmal eine Witwe, die sehr auf Arbeit aus war. Sie weckte ihre Mägde stets schon, ... der erste Hahnenschrei ertönte, und trieb sie an, mit ihrem Tagewerk zu beginnen. Endlich waren die Mägde der ewigen Plage satt. Sie meinten, der Haushahn sei an ihrem Ungemache schuld, ... er die Herrin immer schon in der Nacht aufweckte. So beschlossen sie, ihn umzubringen. ... dies aber geschehen war, wurde es weit schlimmer. ... ihre Herrin den Hahn nun nicht mehr krähen hörte, weckte sie die Mägde noch viel tiefer in der Nacht.

3 Suche aus den Lösungssätzen der Aufgabe 2 auf Seite 77 f. und den Satzgefügen der Aufgabe 3 auf Seite 78 die Adverbialsätze heraus und bestimme die inhaltliche Beziehung zwischen Haupt- und Adverbialsatz.
Schreibe dazu noch einmal alle Sätze auf, rahme den Adverbialsatz ein und schreibe seine Bezeichnung darüber.

4 In dieser Fabel kommen ein Attributsatz (Relativsatz), ein Kausalsatz, ein Konditionalsatz und ein Konsekutivsatz vor. Erkennst du sie?

Eine Frau hatte eine Henne, die ihr jeden Tag ein Ei legte. Weil sie hoffte, die Henne werde zweimal am Tag legen, wenn sie ihr doppeltes Futter vorwerfe, tat sie dies. Da wurde die Henne so fett, dass sie nicht einmal mehr ein Ei legte.

5 Wo stecken in diesen drei Witzen die sechs Gliedsätze und wie heißen sie?

a *Mc Ness, ein echter Schotte, hat Besuch von seinem Freund. Nachdem sie den ganzen Nachmittag verplaudert haben, will der Freund sich verabschieden. „Warte einen Augenblick", sagt Mc Ness, „bevor du gehst, wollen wir eine kleine Erfrischung zu uns nehmen!" Und geht hin und öffnet das Fenster ...*

b *Ein Vertreter bestellt in einem Gasthaus sein Abendessen. Er lässt sich auf Empfehlung des Wirtes einen frischen Hasenbraten servieren. Als er am ersten Happen kaut, beißt er plötzlich auf ein Schrotkorn. „Nanu", sagt er zu der kleinen Tochter des Gastwirtes, „den hat dein Vater wohl selbst geschossen?" – „Ja", erwidert die Kleine, „weil das Aas unseren Kanarienvogel gefressen hat!"*

c *„Na endlich!", seufzt die Frau im Schuhgeschäft, nachdem sie unzählige Paar Schuhe anprobiert hat, „diese passen mir." – „Kein Wunder", sagt die Verkäuferin, „die hatten Sie ja schon an, als Sie hereinkamen."*

6 Schreibe aus dem folgenden Text die Adverbialsätze heraus und bezeichne sie; unterstreiche die Konjunktionen:

Aus Australien, wo es noch viele Arten von Schlangen gibt, wird der folgende Vorfall berichtet: Als ihr siebenjähriger Sohn nachts plötzlich laut schrie, rannten die Eltern sofort ins Kinderzimmer. Eine Riesenschlange hatte das Kind umklammert, sodass höchste Lebensgefahr bestand. Die Eltern schlugen mit Haumessern auf das Tier ein, damit es seine Beute freigab. Obwohl die Schlange den Jungen fest umklammert hatte, flüchtete sie dann doch. Der Junge wurde ins Krankenhaus gebracht, weil er einen Schock erlitten hatte. Er wäre bestimmt getötet worden, wenn seine Eltern nicht so beherzt gehandelt hätten. Nach diesem gefährlichen Vorfall schützten sie sich vor Schlangen, indem sie nachts alle Türen und Fenster fest verschlossen.

7 Der Text in Aufgabe 6 enthält auch Adverbialien/adverbiale Bestimmungen als Satzglieder. Schreibe sie heraus und bestimme sie (vgl. S. 65).

Test: Beziehungen zwischen Haupt- und Gliedsatz

Die Frösche

Ein großer Teich war zugefroren,
Die Fröschlein, in der Tiefe verloren,
Durften nicht ferner quaken noch springen,
Versprachen sich aber im halben Traum,
Fänden sie nur da oben Raum,
Wie Nachtigallen wollten sie singen.
Der Tauwind kam, das Eis zerschmolz,
Nun ruderten sie und landeten stolz
Und saßen am Ufer weit und breit
Und quakten wie vor alter Zeit.

(J. W. Goethe)

1 Dieses Gedicht hat eine Schülerin nacherzählt.
Schreibe ihren Text ab und setze die fehlenden Konjunktionen ein.

... im Winter einmal der Teich zugefroren war, fürchteten die eingeschlossenen Fröschlein um ihr Leben. Und ... sie solche Angst hatten, versprachen die Frösche: „... wir gerettet werden, wollen wir so schön singen, ... man uns nicht von der Nachtigall unterscheiden kann.“ Dieses Versprechen gaben die Frösche, ... seine Erfüllung ja gar nicht möglich war! ... dann schließlich Tauwetter eingesetzt hatte, schmolz das Eis und die Fröschlein schwammen befreit nach oben. Und ... du auch weißt, wie die Geschichte ausging: Sie quakten wie eh und je!

2 Unterstreiche die Adverbialsätze und bezeichne sie.

2.10.3 Infinitivgruppen/satzwertige Infinitive in der Rolle von Satzgliedern

Satzglieder können auch durch Wortgruppen ausgedrückt werden, die ein **Verb im Inifinitiv** enthalten:

Der Gewinn des Pokals *ist das Ziel der Mannschaft.*
Subjekt
Den Pokal zu gewinnen *ist das Ziel der Mannschaft.*

Sie verspricht ihm *die Regelung der Angelegenheit.*
Akkusativobjekt
Sie verspricht ihm, *die Angelegenheit zu regeln.*

Die Politiker stimmen *dem Rathausneubau zu.*
Dativobjekt
Die Politiker stimmen zu, *das Rathaus neu zu bauen.*

Er rät ihr	*zur Annahme dieser Vereinbarung.*
	Präpositionalobjekt
Er rät ihr,	*diese Vereinbarung anzunehmen.*

Infinitivgruppen können die Aufgabe von Satzgliedern übernehmen. Da man sie als verkürzte Gliedsätze auffassen kann, nennt man sie auch **satzwertige Infinitive**. Beispiel:

Der Fahrer bog ab	*ohne Beachtung des Gegenverkehrs.*
	Adverbiale/adverbiale Bestimmung
	↓
Der Fahrer bog ab,	*ohne den Gegenverkehr zu beachten.*
	satzwertiger Infinitiv
	↑
Der Fahrer bog ab,	*ohne dass er den Gegenverkehr beachtete.*
	Adverbialsatz

(Zur Zeichensetzung vgl. S. 98.)

1 Formuliere das unterstrichene Satzglied als satzwertigen Infinitiv:

a *Wir beschließen für das Wochenende einen Ausflug an die See.*
b *Das Erreichen unseres Zieles ohne Verkehrsstau ist uns wichtig.*
c *Wir fahren deshalb ohne Verspätung los.*
d *Nach dreistündiger Fahrt stimmen wir dem Besuch einer Raststätte zu.*
e *Nach dieser Pause entschließen wir uns zur Fortsetzung unserer Reise.*

2 Forme in den folgenden Sätzen den satzwertigen Infinitiv zu einem Satzglied um. Bestimme das Satzglied:

a *Sich rechtzeitig zu entscheiden ist wichtig.*
b *Ich halte es für falsch, im Streit abzureisen.*
c *Der Arzt bittet darum, den Krankenschein abzugeben.*
d *Die Konferenz stimmt zu, den Schulhof mit Bänken auszustatten.*
e *Er kam ihr zu Hilfe, ohne lange zu zögern.*

♦ In Gesetzestexten wird häufig von der Möglichkeit Gebrauch gemacht, mehrere Satzglieder aneinanderzureihen:
Die Benachrichtigung des Steuerpflichtigen zur Einzahlung der fälligen Steuern obliegt dem zuständigen Finanzamt.
Texte werden flüssiger und damit verständlicher, wenn du satzwertige Infinitive und Nebensätze formulierst:
Dem zuständigen Finanzamt obliegt es, den Steuerpflichtigen zu benachrichtigen, damit er die fälligen Steuern einzahlt.

2.10.4 Partizipgruppen/satzwertige Partizipien in der Rolle von Satzgliedern

Satzglieder kann man als Gliedsätze formulieren, diese wiederum als **Partizipgruppen** oder **satzwertige Partizipien.**
Durch eine Partizipgruppe/ein satzwertiges Partizip kannst du einen Gliedsatz verkürzt formulieren, wenn er mit dem Hauptsatz ein gemeinsames Subjekt hat.

Der Junge konnte | *vor Angst* (kausales Adverbiale) | *nicht sprechen.*

↓

Der Junge konnte, | *weil er vor Angst zitterte,* (Kausalsatz) | *nicht sprechen.*

↓

Der Junge konnte(,) | *vor Angst zitternd(,)* (**satzwertiges Partizip**) | *nicht sprechen.*

Nach ihrer Ankunft (temporales Adverbiale) | *fing sie sofort mit der Arbeit an.*

↓

Nachdem sie angekommen war, (Temporalsatz) | *fing sie sofort mit der Arbeit an.*

↓

Angekommen (**satzwertiges Partizip**) | *fing sie sofort mit der Arbeit an.*

(Zur Zeichensetzung vgl. S. 98.)

1 Forme in den folgenden Satzgefügen den Gliedsatz als satzwertiges Partizip um:
- **a** *Weil wir den Regen abwarteten, hatten wir uns in einem Hauseingang untergestellt.*
- **b** *Der Busfahrer fuhr, da er uns nicht sah, an der Haltestelle vorbei.*
- **c** *Nachdem sie gerade aufgestanden ist, stellt Heike das Radio auf volle Lautstärke.*
- **d** *Wenn sie den Lärm hören, protestieren ihre Eltern sofort.*
- **e** *Er versuchte, indem er laut schrie, das Tier zu vertreiben.*
- **f** *Obwohl er ziemlich unausgeschlafen war, begann Franz mit der Zubereitung des Frühstücks.*

2 Überprüfe, in welchen der folgenden Satzgefüge die Umformung des Gliedsatzes als satzwertiges Partizip nicht möglich ist. Begründe deine Lösung:
- **a** *Als das Schiff den Hafen verließ, ließ der Kapitän die Flaggen setzen.*
- **b** *Als es den Hafen verließ, zog das Schiff eine unübersehbare Schar von Möwen mit sich.*

c *Nachdem er sich genau informiert hatte, schrieb der Reporter seinen Artikel.*
d *Weil er sich genau informiert hatte, konnte der Artikel geschrieben werden.*
e *Obwohl beide völlig durchnässt waren, lachten sie immer noch.*
f *Obwohl beide völlig durchnässt waren, ließ die Wirtsfrau sie nicht mehr ins Haus.*

3 Übertrage den Text in dein Heft; formuliere alle satzwertigen Partizipien als Gliedsätze.
Völlig entnervt betrachtete Herr Marten seinen Rasenmäher. Kaum angelassen hustete und spuckte er nur. Sollte er wirklich(,) vor der Technik resignierend(,) seinen geliebten Rasen zur ungepflegten Steppe verkommen lassen? Er rief(,) einen letzten Versuch wagend(,) seinen sechsjährigen Sohn zu Hilfe. Tim sagte spitz, hinter seiner Nickelbrille blinzelnd: „Versuch es doch heute mal mit Benzin!"

2.10.5 Abhängigkeit der Nebensätze im Satzgefüge

Nebensätze hängen von einem Hauptsatz ab. Sie sind diesem untergeordnet und werden von ihm durch ein Komma getrennt.

Mehrere Nebensätze, die von einem Hauptsatz abhängen und durch „und" oder „oder" verbunden sind, sind einander **nebengeordnet**; sie werden *nicht* durch ein Komma voneinander getrennt (vgl. S. 99).

Die Schüler melden sich im Büro,		
Hauptsatz		
	die morgen entlassen werden	*und die noch keine Lehrstelle haben.*
	1. Nebensatz 1. Grades	2. Nebensatz 1. Grades

Mehrere Nebensätze, die voneinander abhängen, sind einander **untergeordnet**; sie werden durch ein Komma/durch Kommas voneinander getrennt (vgl. S. 99).

Wir hoffen,			
Hauptsatz			
	dass alle eine Lehrstelle gefunden haben,		
	Nebensatz 1. Grades		
		wenn das Schuljahr endet,	
		Nebensatz 2. Grades	
			damit sie einen Beruf erlernen können.
			Nebensatz 3. Grades

1 Übertrage den folgenden Text in dein Heft. Unterstreiche Folgen mit nebengeordneten Nebensätzen (= 1. Grades) rot, Folgen mit untergeordneten Nebensätzen (= 1. + 2. Grades) grün. Setze die fehlenden Kommas.

a *Schüler die aus vornehmen Elternhäusern kommen und die eine der Eliteschulen in Paris besuchen sollten kürzlich einen Aufsatz zum Thema „Wie es wäre, wenn ich einmal Generaldirektor bin?“ schreiben.*

b *Der Schüler René Brossard blätterte gelangweilt in einer Zeitung während die anderen eifrig schrieben oder während sie sich zumindest um einen originellen Text bemühten.*

c *Schließlich riss dem Lehrer der Geduldsfaden nachdem er sich eine ganze Zeit lang den Schüler betrachtet hatte der ihn offensichtlich provozieren wollte.*

d *„Warum schreiben Sie nicht?“, fuhr er ihn an. „Ich warte darauf dass meine Sekretärin kommt und dass sie den Text aufnimmt“, war die Antwort.*

2 Übertrage die folgenden Sätze in dein Heft. Entscheide jeweils, ob die Nebensätze einander nebengeordnet oder untergeordnet sind, und setze die fehlenden Kommas:

a *Die Reise wird erfolgreich wenn die Teilnehmer sorgfältig ausgewählt werden und wenn die Vorbereitungen rechtzeitig abgeschlossen sind.*

b *Obwohl du mir mehrfach geschrieben hast worüber ich mich sehr gefreut habe konnte ich deine Einladung bisher nicht annehmen.*

c *Unser Kater fängt keine Mäuse mehr seitdem er bei meiner Tante lebt und er dort gut gefüttert wird.*

d *Wenn du das Fahrrad verkaufst das du zum Geburtstag geschenkt bekommen hast und für das dein Onkel viel Geld ausgegeben hat wirst du erfahren dass seine Geschenke künftig nicht mehr so großzügig ausfallen werden da du sie offenbar nicht zu schätzen weißt.*

2.10.6 Übersicht über die Nebensätze

Die Nebensätze kann man nach unterschiedlichen Gesichtspunkten einteilen:

– nach ihrer **Satzgliedfunktion**:

Nebensatz
- Gliedsatz
  - Subjektsatz
  - Objektsatz
  - Adverbialsatz
- Attributsatz

– nach ihrem **Einleitewort**:

Konjunktion ↓

<u>Nachdem</u> wir die Surfbretter befestigt hatten,	*fuhren wir los.*
Konjunktionalsatz	

Relativpronomen

Die Surfbretter, die viel Platz beanspruchten, verstauten wir zuerst.

Relativsatz

– nach ihrer **Stellung im Satzgefüge**:

Wenn wir nicht in einen Stau geraten, sind wir heute Abend am Ziel.

Vordersatz

Wir fahren, wenn es nötig sein sollte, über Nebenstrecken.

Mittelsatz

Wir haben festgestellt, dass dies eine gute Lösung ist.

Nachsatz

Der Nebensatz im Satzgefüge

Als die Sonne unterging, sahen wir das Meer.

ist also

– nach der Satzgliedfunktion ein **Adverbialsatz**, und zwar ein **Temporalsatz**;
– nach dem Einleitewort ein **Konjunktionalsatz**;
– nach seiner Stellung ein **Vordersatz**.

Grammatikpuzzle

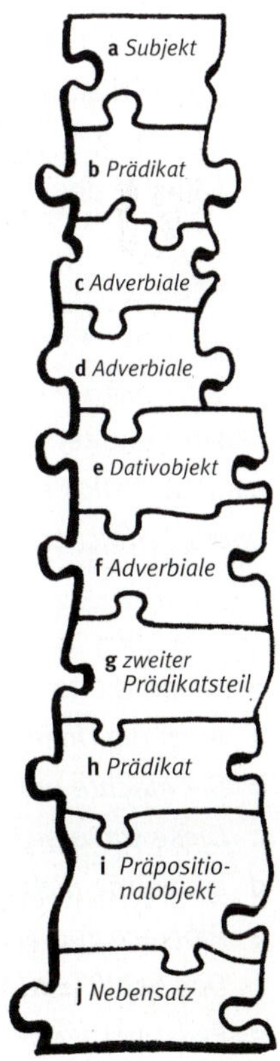

1 Schreibe aus den folgenden Sätzen jeweils das im zugehörigen Puzzlestück angegebene Satzglied heraus. In der Reihenfolge der Sätze gelesen ergeben diese Satzglieder einen Sinnspruch.

a *Den Wettkampf konnten wir so nicht gewinnen.*
b *Im Winter sind viele Zugvögel in fernen südlichen Ländern.*
c *Dieser Fehler war leicht zu finden.*
d *Die Schüler der zehnten Klassen erklärten sich bereit, beim Sportfest zu helfen.*
e *Der ältere Herr hatte uns eine Belohnung versprochen, wenn wir seinen Hund wiederfänden.*
f *Ich habe den Pullover selbst gestrickt.*
g *Pünktlich um achtzehn Uhr machte Herr Meier seinen Laden zu.*
h *Alle tadeln sein durch nichts zu entschuldigendes Verhalten in dieser Sache.*
i *Im Märchen leidet der Prinz oft unter der Bedingung, die der König ihm auferlegt.*
j *Es müsste doch möglich sein, diesen Antrag so zu formulieren, dass niemand zustimmt.*

2 Und nun sollst du es umgekehrt machen:
„Verstecke“ alle Satzteile eines der folgenden Aussprüche in anderen Sätzen; schreibe in Klammern ihr „grammatisches Versteck“ dazu und bitte deinen Partner, den Spruch mit Hilfe dieser Angaben wieder zusammenzusetzen.

a *Bei der untersten Sprosse muss anfangen, wer eine Leiter hinaufsteigen will.*
b *„Zeit ist Geld“, sagte der Ober, als er das Datum mitaddierte.*
c *Was geglaubt werden soll, muss man flüstern.*
d *Manche meinen, wenn sie ein Echo hören, der Ton stamme von ihnen.*
e *Gute Beispiele verderben die schlechten Sitten.*

2.11 Die verbale Klammer

Wenn ein Prädikat aus mehreren verbalen Teilen besteht, bildet es eine Satzklammer. Sie bleibt auch bei der Umstellprobe erhalten. Wir nennen sie **verbale Klammer**.

verbale Klammer

Ich *habe* *dich nicht* *gesehen.*

1 Schlage auf Seite 51 nach, in welchen Fällen mehrteilige Prädikate auftreten, die solche verbalen Klammern bilden. Stelle sie in einer Übersicht zusammen.

Fälle, in denen verbale Klammern auftreten	Beispiel
Perfekt	*Sie hat es geschafft.*
…	…

Durch Einfügen weiterer Satzstücke rücken die Klammerteile auseinander:
Ich habe dich entgegen meinen ursprünglichen Erwartungen und trotz aller telefonischen und schriftlichen Bemühungen bereits seit drei mir unendlich lang erscheinenden Wochen nicht gesehen.

2 Schreibe die folgenden Sätze ab und kennzeichne die verbalen Klammern.

a *Auch die Uneinsichtigen werden dies eines Tages zugeben.*
b *Sie möchte unbedingt Verkäuferin werden.*
c *Diese Unvorsichtigkeit hätte ihn beinahe das Leben gekostet.*
d *Ich würde dich gern wiedersehen.*
e *Plötzlich zog ein Gewitter auf.*
f *Das Schiff wird vom Stapel gelassen.*
g *Es ist vorher getauft worden.*

3 Baue die Sätze durch weitere Satzstücke aus.

4 Schreibe den folgenden Text ab und unterstreiche die verbalen Klammern.
Als die Zeit des Menschen vorbei war, wurden alle Tiere, die ihm gedient hatten, vor ein Gericht zitiert. „Ich habe ihn mit Hufen geschlagen, sooft ich nur konnte", sagte das Pferd. „Ich habe ihn immer gebissen", sagte der Hund. „Ich habe ihm lediglich den Stall schmutzig gemacht", sagte die Kuh. Schließlich blieb nur noch das Heimchen übrig. „Und du?", fragte der Löwe, der den Vorsitz führte. „Ich habe an seinem Herde gesungen." – „Schuldig!", schrien die Tiere.

2.11.1 Die Leistung der Umklammerung

Welche Bedeutung die Umklammerung für das Verstehen hat, zeigt dir der folgende Beispielsatz, in dem in die verbale Klammer noch ein Nebensatz eingeschoben wurde:

Ich habe gestern, obwohl du es nicht erlaubt hast, dein Auto

Da der zweite Teil der verbalen Klammer fehlt, bleibt dir der Sinn des Satzes verschlossen. Hier sind mehrere Möglichkeiten für den zweiten Klammerteil: *benutzt – repariert – geputzt – verliehen.* Probiere sie aus und beachte die entstehenden Sinnverschiebungen.
Durch die Umklammerung verstehen wir also die Sinneinheit vom Ende her, und zwar in einem Augenblick. Das, was zusammengehört, erfassen wir so auch als Einheit.

1 Ersetze jeweils den zweiten Teil der verbalen Klammer:
- **a** *Er ging, ohne sich umzusehen, weg.*
- **b** *Ich habe den Brief, den ich gestern bekommen habe, sofort gelesen.*
- **c** *Ulla konnte das Buch, das Onkel Hans ihr geschenkt hatte, einfach nicht ausstehen.*
- **d** *Während der Klassenfahrt hätten Michael und Stefan gerne einmal, ohne dass es die anderen bemerkten, ihren Lehrer gesprochen.*

2 In dem folgenden Satz wird die verbale Klammer „überdehnt". Vereinfache den Satz, indem du die Satzteile in der verbalen Klammer als selbstständige Sätze umformulierst.
Das Fernsehen konnte die Übertragung des Länderspiels, dessen Verlauf durch die rücksichtslose Härte, mit der beide Mannschaften spielten, aber auch durch uneindeutige und in ihrer Richtigkeit durchaus anzuzweifelnde Schiedsrichterentscheidungen gekennzeichnet war, auch nach einem plötzlichen Ausfall der erst vor wenigen Wochen mit einem Kostenaufwand von mehreren Millionen Euro installierten Flutlichtanlage, nicht abbrechen.

3 Nimm einmal an, der zweite Klammerteil des Satzes wäre unleserlich oder nicht hörbar. Ergänze den Satz durch „fortsetzen". Wie ändert sich der Inhalt?

2.11.2 Manchmal klammert man auch aus

Sie [*reiste*] *ohne jede Begründung* [*ab.*]

Sie [*reiste*] [*ab*] *ohne jede Begründung.*

Der Wissenschaftler [*hatte*] *vergebens auf eine Auszeichnung, die seiner jahrelangen und mühevollen Mitarbeit an diesem Projekt ohne Zweifel angemessen gewesen wäre,* [*gehofft.*]

Der Wissenschaftler [*hatte*] *vergebens auf eine Auszeichnung* [*gehofft,*] *die seiner jahrelangen und mühevollen Mitarbeit an diesem Projekt ohne Zweifel angemessen gewesen wäre.*

Dies sind die wichtigsten Gründe für **Ausklammerungen**:
1. Die verbale Klammer soll nicht überdehnt werden. Man will den Leser nicht zu lange auf die Lösung warten lassen.
2. Das ausgeklammerte Satzglied soll besonders hervorgehoben werden.

1 Schreibe die folgenden Sätze ab und unterstreiche die ausgeklammerten Teile. Du erleichterst dir diese Aufgabe, wenn du zunächst die verbale Klammer suchst und bezeichnest:

a *Du wirst noch viel Erfolg haben mit dieser umsichtigen und sorgfältigen Arbeitsweise.*
b *Der Tag der gefürchteten Prüfung rückte näher mit unaufhaltsamer Schnelligkeit.*
c *Sie war gewachsen an der Aufgabe, die ihr Chef ihr ohne Vorbehalte übertragen hatte.*
d *Sie konnten sich nur schweren Herzens von dieser Stadt trennen, die ihnen während so vieler Jahre ihres gemeinsamen Lebens vertraut und aufgrund der heitern Lebensart der in ihr lebenden Menschen lieb geworden war.*

2 Welche Satzteile kann man ausklammern?

a *Mehr als zehn Jahre hatte er ohne Nachricht von zu Hause in fremden Ländern gelebt.*
b *Sie war schließlich mit diesen Vertragsbedingungen, die er ihr in allen Einzelheiten mit großer Geduld erklärt hatte, einverstanden.*
c *Nach den häufigen Enttäuschungen konnte er für diese hochmütige, nur an sich selbst denkende Frau nur noch Verachtung empfinden.*
d *Der Berufsberater hatte die Schüler durch seinen Vortrag von der Nützlichkeit und Notwendigkeit einer frühzeitigen Beschäftigung mit der Frage der Berufswahl restlos überzeugt.*

Bei der Ausklammerung gibt es aber Grenzen: Einfache Objekte oder das Subjekt kann man nicht ausklammern; diese Sätze sind deshalb falsch:

Ich habe gefunden eine Brieftasche. Hat die Grüße erhalten Onkel Willi?

- **Überdehnte Klammern** erschweren das Verständnis, vor allem von Texten, die nicht gelesen, sondern gehört werden:
  Es ist unbestritten, dass bei Fortsetzung einer Politik, die den mit der Umwelt und ihrer Schutzbedürftigkeit sorglos Umgehenden wirtschaftlich begünstigt und den, der bei seinen Bemühungen um umweltfreundliches Verhalten Unbequemlichkeiten, Einschränkungen und gesellschaftliche Missachtung in Kauf nimmt und ihm obendrein erhebliche wirtschaftliche Nachteile einbringt, die Attraktivität des Umwelt- und Naturschutzgedankens auf geradezu gefährliche Weise rapide abnimmt.

  Hier solltest du kürzere Sätze bilden oder das Mittel der Ausklammerung nutzen:
  Wer mit der Umwelt und ihrer Schutzbedürftigkeit sorglos umgeht, wird wirtschaftlich begünstigt. Wer sich um umweltfreundliches Verhalten bemüht, nimmt Unbequemlichkeiten, Einschränkungen und gesellschaftliche Missachtung in Kauf. Obendrein bringt es ihm erhebliche wirtschaftliche Nachteile ein. Es ist unbestritten, dass bei Fortsetzung einer solchen Politik die Attraktivität des Umwelt- und Naturschutzgedankens rapide abnimmt(,) auf geradezu gefährliche Weise.

Test: Umklammerung und Ausklammerung

Schreibe den folgenden Text ab und kennzeichne die verbalen Klammern gelb (4) und die ausgeklammerten Satzstücke schwarz (2).

Schüler auf Fotosafari durch Sülz
RösSülz. „Die Schule in ihrem Umfeld" – so lautete das Thema der Projektwoche des Schiller-Gymnasiums, mit dem sich 900 Schülerinnen und Schüler befassten. Ganz wörtlich nahmen es einige Schüler, die mit Kameras „bewaffnet" auf Fotosafari durch Sülz gingen. Andere Klassen machten auf die schlechte Kölner Luft oder das mangelnde Radwegangebot aufmerksam. In der Schule blieben die Schüler der fünften Klassen. Sie malten ihre Klassenräume an gemeinsam mit ihren Klassenlehrern und einigen Eltern. Außerdem bauten sie Schließfächer, in denen allzu schweres Unterrichtsmaterial aufbewahrt werden kann.
Wie es an anderen Schulen ist, versuchten die Schüler der Mittelstufe herauszufinden. Sie konnten sich mit Kassettenrekordern und Fragebögen in den Nachbarschulen informieren über den Unterricht, das Raumangebot, das Verhältnis zwischen Lehrern und Schülern.

Zusammenfassender Test: Die Satzlehre

Und nun kannst du wieder überprüfen, was du aus diesem Kapitel behalten hast. Womit es dich vertraut machen wollte, sagt dir das Lösungswort. Du erhältst es, wenn du die ersten Buchstaben der einzelnen Lösungswörter von oben nach unten liest. Die Zahlen in den Klammern nennen dir die Anzahl der Buchstaben des einzelnen Lösungswortes. (Die Seitenzahlen zeigen dir, wo du, wenn nötig, nachschlagen kannst.)

1 Bei der Infinitivprobe fällt ein Satzglied heraus. Wie heißt es (7)? (S. 53 f.)

2 Bezeichne das unterstrichene Satzglied (15):
Weil er unbedingt Geld brauchte, verkaufte er sein Fahrrad an einen Freund. (S. 57)

3 Wie heißt ein Adverbiale, das die Beziehung „Zeit" ausdrückt (8)?
Beispiel: *Morgens gehen wir zur Schule.* (S. 65)

4 Wie heißt der entstandene Satz? (21)

Maria kauft Sperrholz. *Maria sägt aus dem Sperrholz Figuren.* *Maria klebt die Figuren auf.*	*Maria kauft Sperrholz,* *sägt daraus Figuren* *und klebt sie auf.* (S. 75)

5 Wie heißt das Prädikat dieses Satzes (5)?
Trotz aller in der Fachpresse aufgestellten Behauptungen läuft diese Maschine ohne jede besondere Wartung schon wochenlang einwandfrei. (S. 50 f.)

6 Wie heißt das Verfahren, mit dem hier das Präpositionalobjekt bestimmt wird (11)?
Ich warte auf meine Freunde.
auf meinen Freund
auf ihn (S. 40 f.)

7 Von welchem Teil eines Satzgefüges wird der Nebensatz durch ein Komma abgetrennt (9)? (S. 74)

8 In welcher Form erscheint hier das Attribut? (11)
Der Wald, der einen wichtigen Beitrag zur Erhaltung einer gesunden Umwelt leistet, sollte von allen Bürgern geschützt werden. (S. 71)

9 Jedes Objekt ist eine ... der Verbaussage. Welcher Begriff fehlt (9)? (S. 57)

Hast du das Lösungswort gefunden? Dann kannst du dich auch an den letzten Test wagen: Er ist etwas für Grammatikspezialisten!

Zusammenfassender Test: Quer durch die Grammatik

„Quer durch die Grammatik“ haben sich hier Begriffe versammelt:

Gliedsatz **Plusquamperfekt** **Präteritum**
Modalverb **Akkusativobjekt**
Subjekt **Partizip** **Komparativ**
Konjunktiv

Jeweils einer dieser Begriffe passt zu einer Denkblase im folgenden Text:

Der [6.] Löwe und der Tiger waren über die Frage, wer von ihnen [9.] tierliebender [8.] sei, in Streit geraten. Da trat der Esel dazwischen, denn er [4.] wollte den Streit auf eine Weise schlichten, die beide zu seinen Freunden [10.] machte. Und er [8.] hatte sich etwas ganz Besonderes [8.] ausgedacht. Bevor er jedoch [1.] das Maul aufmachen konnte, hatten ihn die beiden in Stücke [3.] gerissen. Daher ist nie bekannt geworden, [1.] was der Esel sich gedacht hatte.

1 Ordne die Begriffe richtig zu und schreibe sie in der Reihenfolge untereinander in dein Heft, wie sie vom Text vorgegeben ist.

2 Die kleine Zahl in jeder Denkblase sagt dir, den wievielten Buchstaben des Begriffes du benötigst. Umkreise ihn mit Farbstift.

3 Von unten nach oben kannst du nun das Lösungswort an den markierten Buchstaben ablesen.

4 Welchen Begriff konntest du nicht richtig zuordnen? Schlage unter der im Folgenden angegebenen Seitenzahl nach und wiederhole dieses Grammatikkapitel: Komparativ (S. 42), Präteritum (S. 14 f.); Partizip (S. 11 f.); Plusquamperfekt (S. 16); Modalverb (S. 28); Konjunktiv (S. 25 f.); Subjekt (S. 53 f.); Akkusativobjekt (S. 57); Gliedsatz (S. 77 ff.).

3 Regeln zur Zeichensetzung

(1) *Franzi Braun, eine Feldmaus, beklagte sich bei ihrem Nachbarn, dem Hamster.*

Eine **Apposition** (S. 71) wird durch ein Komma/durch Kommas abgetrennt.

Diese Regel gilt auch für andere **Einschübe** und **Zusätze**, z. B. für Anreden und Ausrufe.

(2) *„Wissen Sie", jammerte Franzi Braun, „hier draußen ist ja nichts los." – „Wie meinen Sie denn das?", fragte der Hamster verständnislos. Frau Braun rief heftig: „Das ist aber eine dumme Frage!", und sprang auf.*

Die **wörtliche** oder **direkte Rede** (S. 26) wird durch Anführungszeichen gekennzeichnet. Geht der Begleitsatz nach der wörtlichen Rede weiter oder folgt er, steht nach dem schließenden Anführungszeichen ein Komma. Das Komma steht auch, wenn die wörtliche Rede mit einem Frage- oder Ausrufezeichen endet.

(3) *Der Hamster berichtete am Abend seiner Frau:*
Franzi Braun hat gejammert, hier draußen sei ja nichts los. Wie sie das denn meine, habe ich verständnislos gefragt. Frau Braun hat heftig gerufen, dies sei aber eine dumme Frage, und ist aufgesprungen.

Indirekte Rede (S. 26) und Begleitsatz werden nur durch ein Komma/durch Kommas voneinander getrennt. Nach einem indirekten Frage-, einem Befehls- oder Ausrufesatz steht kein Frage- oder Ausrufezeichen, sondern ein Komma oder ein Punkt.

(4) *Franzi Braun fiel ihre Cousine in der Stadt ein.*
Franzi Braun fiel ihre Cousine, die in der Stadt wohnte, ein.

Attributsätze, meistens **Relativsätze** (S. 71), werden durch ein Komma/durch Kommas vom Hauptsatz abgetrennt.

(5) *Franzi packte ihre alte Reisetasche. Der Hamster bekam den Hausschlüssel.*
Franzi packte ihre alte Reisetasche, der Hamster bekam den Hausschlüssel.
Franzi packte ihre alte Reisetasche und der Hamster bekam den Hausschlüssel.

Hauptsätze, die zu **Satzreihen** verknüpft werden (S. 74), werden durch Kommas voneinander getrennt.
Werden sie mit einer **nebenordnenden Konjunktion** wie *und – oder – beziehungsweise – sowie – wie – entweder ... oder – sowohl ... als (auch) – weder ... noch* verknüpft, so setzt man kein Komma.

(6) *Franzi verabschiedete sich von dem Hamster (,) und seiner Frau winkte sie fröhlich zu.*

Man *kann* ein Komma setzen, um die Gliederung des Satzes deutlich zu machen oder um Missverständnisse zu vermeiden.

(7) *Nun waren bereits zwei Stunden vergangen, aber die Feldmaus Franzi Braun stand immer noch an der Bushaltestelle.*

Wenn Hauptsätze mit **entgegenstellenden Konjunktionen** wie *aber – sondern – jedoch* verbunden werden, setzt man ein Komma.

Die Regeln 5–7 gelten nicht nur für Satzreihen, sondern auch für **Aufzählungen** von gleichrangigen Wörtern und Wortgruppen.

(8) *Schließlich streckte sie den vorbeirasenden Autos den großen Zeh des rechten Vorderpfötchens entgegen. Sie hatte Angst.*
Schließlich streckte sie den vorbeirasenden Autos den großen Zeh des rechten Vorderpfötchens entgegen, obwohl sie Angst hatte.
Schließlich streckte sie, obwohl sie Angst hatte, den vorbeirasenden Autos ...
Obwohl sie Angst hatte, streckte sie schließlich ...

Sätze, die zu **Satzgefügen** (S. 74) aus Haupt- und Nebensatz verknüpft werden, werden je nach ihrer Stellung (S. 89) durch ein oder zwei Komma(s) voneinander getrennt.

(9) *Nach weiteren zwei Stunden hielt ein tuckernder Trecker an.*
Nachdem zwei weitere Stunden vergangen waren, hielt ein tuckernder Trecker an.

Werden **Satzglieder als Gliedsatz** formuliert (S. 77 ff.), wird auch dieser Nebensatz durch ein Komma/durch Kommas vom Hauptsatz abgetrennt.

(10) *Franzi wünschte sich, an einem Imbissstand Pause zu machen.*

Infinitivgruppen/satzwertige Infinitive, die aus einem Infinitiv mit „zu" und mindestens einem weiteren Wort bestehen, müssen häufig durch Kommas abgetrennt werden. Es empfiehlt sich, immer Kommas zu setzen, weil sie die Gliederung des Satzes verdeutlichen und niemals falsch sind.

(11) *Nach einer ausgiebigen Erfrischung mit kühlem Wein kletterten sie wieder auf den Trecker.*
Nachdem sie sich ausgiebig mit kühlem Wein erfrischt hatten, kletterten sie wieder auf den Trecker.
Ausgiebig mit kühlem Wein erfrischt (,) kletterten sie wieder auf den Trecker.
Sie kletterten (,) ausgiebig mit kühlem Wein erfrischt (,) wieder auf den Trecker.

Partizipgruppen/satzwertige Partizipien müssen normalerweise nicht durch ein Komma vom übergeordneten Satz getrennt werden.

(12) *Jetzt ein Nickerchen halten zu können, darauf freute sich Franzi.*
So, von Müdigkeit überwältigt, fielen ihr die Augen fast zu.

Steht im Hauptsatz ein Wort, das auf die Partizipgruppe hinweist, *muss* sie je nach Satzstellung durch ein oder zwei Kommas abgegrenzt werden.

(13) *Franzi schlief fast ein, von Müdigkeit überwältigt.*
Franzi, von Müdigkeit überwältigt, schlief fast ein.

Ein Komma *muss*/Kommas *müssen* auch gesetzt werden, wenn es sich um **nachgestellte** oder in die übliche Satzkonstruktion **eingeschobene Zusätze** handelt. Diese Regel gilt nicht nur für Partizipgruppen.

(14) *Franzi bemerkte noch,*
dass der Fahrer den Schlüssel vergessen hatte
oder dass der Trecker nicht ansprang.

In **Satzgefügen mit mehreren Nebensätzen** werden **nebengeordnete** Nebensätze (S. 87), die durch „und" oder „oder" verbunden sind, nicht durch ein Komma/durch Kommas voneinander getrennt.

(15) *Sie schlief erschöpft ein,*
nachdem sie ihre Schuhe ausgezogen hatte,
damit sie sich in der Ablage bequemer zusammenrollen konnte.

Mehrere Nebensätze, die einander **untergeordnet** sind (S. 87), werden dagegen durch ein Komma/durch Kommas voneinander getrennt.

Ob Franzi Braun wohl irgendwann in der Stadt angekommen ist?

Quellenverzeichnis

S. 8/1 aus: Goslarsche Zeitung vom 4. 1. 1991
S. 8/2 aus: Kölnische Rundschau vom 29. 1. 1983
S. 12/5 Klappentext aus: Hans Hellmut Kirst, Kriminalistik. blv junior-wissen. BLV-Verlagsgesellschaft, München 1971
S. 12/Test aus: Christian Morgenstern, Galgenlieder, Palmström und andere Grotesken. R. Piper Verlag, München 1979, S. 66
S. 15/1 aus: Der fliegende Holländer, in: Die schönsten Märchen, hg. von Lisa Tetzner, Bd. 9, S. 123
S. 16/2 aus: Kölner Stadt-Anzeiger vom 1. 3. 1987
S. 17/1a Hermann Hesse, zitiert nach: Die mechanische Ente. Verlag Heinrich Ellermann, München 1974, S. 111
S. 17/1b aus: Das Wasser des Lebens. Die Märchen der Brüder Grimm. Goldmann Taschenbuch Verlag, München. Goldmann Taschenbuch Nr. 412, S. 340
S. 19/4 aus: Kölner Stadt-Anzeiger vom 1. 12. 1987
S. 21/Test, 33, 91/4 aus: Wolfdietrich Schnurre, Der Spatz in der Hand. Albert Langen Georg Müller Verlag, München 1974, S. 21, 24, 33
S. 23/2 aus: Kölnische Rundschau vom 12./13. 2. 1983
S. 23/2 aus: Erftstadt-Anzeiger vom 16. 2. 1983
S. 24/3 aus: Freya E. Lentz, Makramee. Frech Verlag, Stuttgart 1977, S. 9
S. 24/Test nach: Lesen Darstellen Begreifen A5, Cornelsen Verlag, Berlin 1996, S. 258
S. 27/2, 3 aus: Hans Peter Thiel, Großes Erklär-mir-Lexikon. R. Piper Verlag, München 1980, S. 410, 367
S. 32 f., 95 aus: Gerhard Branstner, Der Esel als Amtmann. Buchverlag Der Morgen, Berlin, Fabeln Nr. 62 und 38; Fischer Taschenbuch Nr. 2425
S. 34/5 aus: fee-Sprachreisen für Erwachsene, Katalog 1983, S. 3
S. 36/Test nach: Hannoversche Allgemeine Zeitung vom 9. 5. 1994
S. 41/5 aus: treff, Nr. 10, Oktober 1980. Velber Verlag, Seelze
S. 44/Test aus: Werbung der Firma Dralle
S. 45/Test oben aus: Kölnische Rundschau vom 2. 11. 1984
S. 45/Test unten, 49/3, 82/2, 83/4 aus: Einhundert Fabeln. Verlag Hamburger Lesehefte, Hamburg. Hamburger Leseheft Nr. 118
S. 48/2 aus: Natur erleben. 13. Internationaler Jugendwettbewerb der genossenschaftlichen Banken 1983
S. 49/5 aus: Orville Wright, zitiert nach: Die mechanische Ente. Verlag Heinrich Ellermann, München 1974, S. 167
S. 51/2 aus: George Orwell, 1984. Ullstein Verlag, Berlin. Ullstein Taschenbuch Nr. 3253, S. 7
S. 51/3 aus: Jules Verne, Reise um den Mond. Nach einer älteren Übersetzung bearbeitet von Ute Haffmanns. Diogenes Verlag, Zürich 1969
S. 52/4 aus: Denkste! Rembrandt Verlag, Berlin 1981, S. 76
S. 52/7 aus: Joachim Ringelnatz, Lampe und Spiegel, zitiert nach: Paul Alverdes, Rabe, Fuchs und Löwe. Copyright: Karl Henssel Verlag, Berlin
S. 53/Test a aus: Kölner Stadt-Anzeiger vom 2. 10. 1988
S. 53/Test b aus: Kölner Stadt-Anzeiger vom 5. 9. 1993
S. 54/3 aus: N. O. Scarpi (Hg.), 1001 Anekdote. Classen Verlag, Zürich 1951
S. 58/2 frei nach: Clauß u. a., Banjo Musik 7–10. Ernst Klett Verlag, Stuttgart 1979
S. 59/3 aus: Kölner Stadt-Anzeiger vom 10. 6. 1989
S. 72/3 aus: Lawinen am Meeresgrund. In: GEO, Heft 11/82, S. 75
S. 73 aus: Das große Lalula. Verlag Heinrich Ellermann, München 1971
S. 83/5 a–c aus: treff, Heft 3 und 9/1979, Heft 10/1980. Velber Verlag, Seelze
S. 84/Test: J. W. Goethe, Die Frösche, aus: Goethes Werke, hg. von Erich Trunz. Verlag C. H. Beck, München 1974, Bd. 1, S. 336
S. 93/Test aus: Kölnische Rundschau vom 31. 10. 1984

Stichwortverzeichnis